PHÄNOMENE
BAND 3

ATHOS

FOTOS ZBIGNIEW KOŚĆ
TEXT JANNIS ZINNIKER

U. BÄR VERLAG

In der Reihe «Phänomene» sind erschienen:
Band 1
Serra Pelada
Das Gold und die Hoffnung
Band 2
Die sechste Flotte
Die zweischneidige Waffe
Band 3
Athos
Band 4
Rikscha Kalkutta

© U. Bär Verlag, Zürich 1988
Herausgeber: Ernst Halter, Aristau
Grafik: Heinz von Arx, Zürich
Lithos: Singer AG, Zürich
Satz, Druck, Einband:
Kösel GmbH & Co., Kempten/Allgäu
Printed in Germany
ISBN 3 905137 16 X

FÜR BENJAMIN VON ZBYSZEK

Ich möchte allen, die mir geholfen haben, an dieser Stelle meinen Dank aussprechen. Zunächst und im besonderen den Mönchen auf dem Athos für ihre Gastfreundschaft. Zu danken habe ich Jos Smit von Art Unlimited, Amsterdam, für die Ermunterung, dieses Buch zu wagen, und für die Publikation zahlreicher Aufnahmen, den Herren Orphanidis vom Presse- und Informationsdienst der Griechischen Botschaft in Den Haag sowie Ioanidis von der Griechischen Fremdenverkehrszentrale in Amsterdam. Die Empfehlungen von Pater Vasilios Grolimund haben mir manche Türen geöffnet. Die Hilfe meines Freundes Georgios Fassulas aus Saloniki ist mir – nicht zuletzt während der Besteigung des Athos-Gipfels – lebenswichtig gewesen. Jannis Zinniker verschaffte mir Einblicke, die einem Touristen kaum je vergönnt sind. Besonderen Dank schulde ich André Lamoth von der Gerrit Rietveld Academie und meinem Freund Benjamin Gijzel, der diese Arbeit – auch finanziell – bis zuletzt unterstützt hat. Ihm widme ich dieses Buch.

Zbigniew Kość

Amsterdam, im April 1988

Der Garten der Gottesmutter

Mit dieser Bezeichnung haben die Mönche den Klosterstaat Athos im Norden Griechenlands versehen. Und die Gottesmutter ist unumschränkte Herrscherin des Geflechts aus Klöstern und Wäldern. Ausser ihr soll keine Frau Athos je betreten haben. Selbst die gottesfürchtige serbische Prinzessin Mara musste, wie die Legende berichtet, auf dem Weg zum Kloster Ajios Pawlos umkehren. Ein starkes Gewitter, das sich an der Nordwand des Athosgipfels zusammengebraut hatte, zwang die Pilgerin zum Abzug.

Eine Mauer aus tiefblauem Meer umgibt den Garten der Panajia, der Allheiligen, auf drei Seiten. Im Norden trennt ein überwucherter Mauerwall die Halbinsel vom weltlichen Gelände der Gemeinde Uranopolis. Am Eingangstor verkündet eine angerostete Tafel: Entrée défendue aux femmes et aux véhicules. Hin und wieder erscheint ein Lastwagen vor dem Tor. Es sind Arbeiter einer griechischen Kelterei, welche die Weinberge des verlassenen russischen Klösterchens Chromitsa zu bearbeiten haben. Ihnen wird für wenige Stunden Einlass gewährt trotz der symbolträchtigen Einbahntafel, welche griechische Wachsoldaten an einem Olivenbaum befestigt haben.

Die Abgeschlossenheit des Klosterstaates hat Menschen immer wieder zu Besuchen gereizt. Was liegt hinter diesen Mauern? Materielle und spirituelle Reichtümer wurden vermutet. Wer sich nicht legal Zutritt verschaffen konnte, versuchte es auf seine Weise. So kreuzten vor den Wehrmauern der Klöster im Mittelalter Piraten, im 19. Jahrhundert russische Pilger- und Kriegsschiffe auf, und im 20. Jahrhundert wurde mancher Kunstraub mit heimlich gelandeten Booten ausgeführt. Und immer wieder suchen Wölfe und Wildschweine ihre Zuflucht in den paradiesischen Wäldern des Mönchsstaates.

Der legal einreisende Pilger betritt heute den Garten der Gottesmutter meist im kleinen Hafen von Dafni. Kafenions, Andenkenläden, Zoll- und Postamt haben eine Bresche in den Paradiesgarten geschlagen. Wenn im Sommer sich Mönche und Pilger um die begehrten Sitzplätze im verlotterten Autobus balgen, der zum Regierungssitz in Karies fährt, sieht man die Einsiedler kopfschüttelnd gegen Süden ziehen. Für sie ist klar, dass der Garten ihrer Herrin in Gefahr ist.

Wo Fallmerayer, der Erforscher des alten Byzanz, im letzten Jahrhundert noch vom Athos als dem ‹Walddom der Christenheit› sprach, sind heute Bulldozer anzutreffen, die neue Waldstrassen ins Gelände fressen. Der Lärm von Motorsägen hallt durch den Garten der Gottesmutter.

Die Klöster verteidigen sich gegen die Kritiker dieser Entwicklung. Die Wälder sind der einzige Reichtum, der den Mönchen geblieben ist. Sie wollen den Garten der Panajia nicht ausbeuten, aber doch bewirtschaften.

Die Einsiedler halten sich fern. Für die einen sind diese modernen lärmigen Geräte Werkzeuge des Antichrists, der nach der Apokalypse in den letzten Tagen der Menschheit auftaucht. Die Zerstörung des Gartens der Gottesmutter ist für sie eine endzeitliche Erscheinung. Die andern vertrauen der Führung ihrer Herrin, die den Berg immer wieder in seiner Geschichte vor Unheil bewahrt hat. Für den Pilger ist Athos ein Refugium, das zu beschaulichem Wandern einlädt. Trotz den forstwirtschaftlichen Eingriffen ist die Natur von einer Unversehrtheit, die heute in bewohntem Gelände kaum mehr zu finden ist.

Am Athosgipfel wachsen über 30 seltene endemische Pflanzenarten wie zum Beispiel der Krokus (Crocus athous), die Flockenblume (Centaurea sanctae annae) oder die Athos-Glockenblume (Campanula rotundifolia sancta).

Heilkräuter, die von den Einsiedlern gesammelt werden, zeichnen sich durch einen hohen Gehalt an Wirkstoffen aus. Der fruchtbare, nicht durch Uebernutzung ausgelaugte Boden ermöglicht die Anlage paradiesischer Gärten. So ist es nicht verwunderlich, dass der ‹zivilisationsgeschädigte› Pilger die unversehrte Natur des Athos oft mehr bewundert, als die Bemühungen seiner Bewohner, mit Gebet und Arbeit das Leben zu gestalten.

Der botanisch gebildete Mönch oder Pilger wird indes trotz aller Naturschönheit bemerken, dass auch auf Athos zunehmend Bäume erkranken und dass sich seltene Pflanzen wie die Athos-Glockenblume an immer weniger Standorten zeigen. Der Garten der Panajia grenzt, was die Natur betrifft, an eine immer mehr zerstörte Umwelt, die ihre Gifte auch in der Einöde abzulagern beginnt.

Darum bitten die Mönche ihre Schutzherrin immer mehr um Schutz vor physischer und vor allem vor geistiger Umweltverschmutzung. Ihre Bemühungen zielen darauf ab, zumindest die geistige Umwelt rein zu erhalten, sie ganz zum Garten der Gottesmutter werden zu lassen.

Tausend Jahre Geschichte

Das Jahr 963 gilt als das Gründungsjahr des Athos. Der heilige Athanasios hatte damals den Bau des ersten Klosters, der Lawra, vollendet. Von Konstantinopel war er auf die bereits von Einsiedlern bewohnte Halbinsel gekommen, um das Mönchstum mit kaiserlicher Unterstützung in geordnete Bahnen zu lenken. Ein schwieriges Unterfangen, denn der Eigensinn der Einsiedler war beträchtlich und die äusserlichen Schwierigkeiten des Bauens waren gross.

Das Lawrakloster liegt an der südöstlichen Spitze des Athos. Buschwald hat in der näheren Umgebung den Kalkstein überwuchert. Wenige Senken sind zum Bepflanzen geeignet. Im Sommer macht feurige Hitze das Leben beschwerlich, im Winter stürzen eiskalte Winde vom Athosgipfel her auf das kleine Plateau. Hin und wieder erreicht sogar ein Schneesturm das Klostertor.

Die Idee des byzantinischen Generals und späteren Kaisers Nikiphoros Phokas, hier das Mönchstum mit Hilfe des heiligen Athanasios zur Blüte zu bringen, hat weitgehende Folgen gezeitigt. Athos hat sich in der Folge zum Herzzentrum der Ostkirche entwickelt. Die Erfahrungen aus den frühen Mönchstraditionen in Oberägypten und später in Syrien wurden hier in einer spezifisch griechisch-europäischen Weise assimiliert.

Mit der Christianisierung der Slawen entstanden auf Athos auch Klöster slawischer Tradition. Im Kloster Chilandari leben heute noch serbische Mönche, in Zografu sind es Bulgaren, in Ajios Panteleimonos und der Skiti Profitis Elias sind es Russen. In der Skiti Prodromu führen Rumänen die Tradition des slawischen Mönchstums weiter, dessen Herzensfrömmigkeit sich mit dem philosophisch-spekulativen Denken der Griechen auf Athos zu einer einzigartigen, den ganzen Menschen umfassenden Religiosität vermischt hat.

Den Fall von Konstantinopel hat Athos unbeschadet überlebt, und die osmanischen Sultane haben dem heiligen

Berg seine Autonomie belassen. Im Kloster Xiropotamu brennen immer noch sechs Leuchter, welche der Sultan Selim gestiftet hat. In unserem Jahrhundert hat Athos den Zweiten Weltkrieg und den daran anschliessenden griechischen Bürgerkrieg heil überlebt. Und selbst gegen die grösste Gefahr der Neuzeit, den überbordenden Massentourismus, scheint sich der Mönchsstaat zu behaupten.

Was der heilige Athanasios unter Mühen begonnen hatte, ist heute zur Schatzkammer der Ostkirche geworden. Dies in zweifacher Hinsicht: Die Klöster bergen erstklassige Ikonen, Fresken, Bibliotheken und Architektur; sie sind aber auch in theologischer Hinsicht durch die Bewahrung ihrer Traditionen zu einem Orientierungspunkt für den gläubigen Orthodoxen geworden.

1963 wurde das Millenium mit prächtigen Feiern begangen: Patriarchen, Metropoliten, der griechische König, theologische Prominenz fanden sich in den gepflasterten Gassen des Hauptortes der Mönchsrepublik, in Karies, ein. In einer Hauptstadt mit zwei ärmlichen Spelunken für die weltlichen Arbeiter und einer nicht ungezieferfreien Unterkunft. In einer Hauptstadt, wo im Angesicht der Hauptkirche, des Protatons, nicht geraucht werden darf. Bücher, Gedenkschriften erschienen damals. Die Strasse vom Hafen Dafni nach Karies wurde ausgebaut, zum Aerger der Einsiedler, welche Gott baten, mit kräftigen Winterregen das unnötige Menschenwerk wieder zu beseitigen.

Die Tausendjahrfeier ist ohne die Einsiedler über die Bühne gegangen. «Zu viel Glanz, zu viel Lärm, zu viel Aufwand», ist ihr Kommentar gewesen. «Das Wesentliche lässt sich nicht sagen, nur erschweigen.» Und sie haben damit darauf hingewiesen, dass es neben der offiziellen tausendjährigen Geschichte noch eine andere ungeschriebene, aber durchlebte Geschichte gibt. Die Geschichte der Mönche, die aus verschiedensten Beweggründen auf Athos Seelenheil und Seelenfrieden gesucht haben.

Athos, der heilige Berg, empfängt den Pilger mit einer Ruhe, deren Gegensatz zur Welt, die dieser hinter sich gelassen hat, kaum grösser sein könnte. Man fühlt sich überwältigt von der Weite und Stille der Wälder, vom Glanz und Spiel des Sonnenlichts auf dem Meer (nächste Doppelseite: bei Xiropotamu), von den Fernsichten über Buchten und Landzungen, die, blickt man die Halbinsel entlang, immer am Athosgipfel enden (rechts: vom Kloster Stawronikita über den Turm von Kaliagra hinweg).
Für die Bewohner des heiligen Berges ist die Natur Alltag; sie reicht ihnen das Lebensnotwendige: das genügt.

Betritt der Pilger zum erstenmal ein Kloster, ist er betroffen von der Kargheit der Innenarchitektur, der Räume und ausgetretenen Korridore (nächste Doppelseite: Chilandari). Sich selbst und der Kühle von Stein, Holz und einfachen Formen überlassen, wird er inne, wie alles Unwesentliche in den Hintergrund tritt, damit Raum werde für das Wesentliche.

Lichtdurchflutete Durchgänge,
wie hier in Simonos Petras,
sind den Mönchen Abbild ihrer
inneren Suche nach Licht.

Ein einfacher Arbeitsplatz in Zografu ist zu einem sakralen Raum geworden, in welchem sich die Arbeit zu geistlicher Übung und Gottversenkung wandelt.

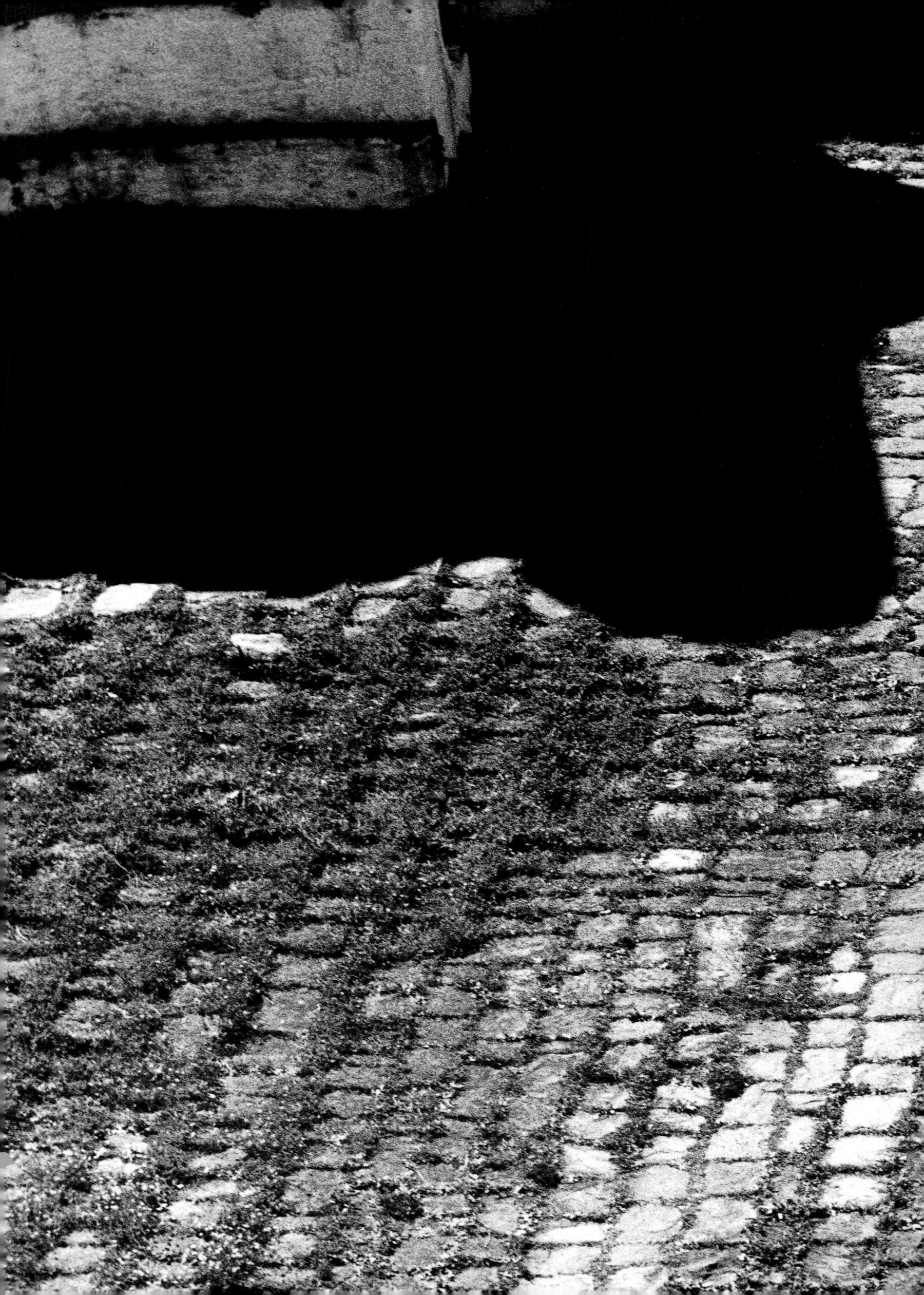

Bleibt das Unwesentliche weg, so bekommen Menschen und Dinge Symbolcharakter. Die einsame Mönchsgestalt im Hof von Watopedi (vorstehende Doppelseite) weist über sich hinaus auf die Situation des Menschen, der, verloren im Kosmos, auf dem Weg zur inneren Heimat ist.

Demut ist eine der wichtigsten Tugenden für die Mönche. Sie schliesst nicht nur die Achtung des Willens Gottes ein, sondern auch die Ehrfurcht vor Menschen und Dingen. Letztere führt zu einer unbeabsichtigten Ästhetik, welche den Lebensraum des Athos prägt.

Lebensformen auf dem Athos

Die von Athanasios gegründete Klostergemeinschaft war eine kinowitische: Alle Aufgaben und anfallenden Arbeiten wurden gemeinschaftlich verrichtet. Die Führung lag in den Händen eines auf Lebzeiten gewählten Abtes. Diese Lebensform stand derjenigen der Einsiedler diametral gegenüber.

Später bildete sich, vor allem in ökonomisch gut gestellten Klöstern, die idiorhythmische Form des Mönchslebens heraus. Hier konnte jeder Mönch mit eigenem Besitz auf seine eigene Art leben. Jeder hatte seine eigene Küche. Gemeinsam waren nur die Gottesdienste. Die idiorhythmischen Klöster fanden vor allem im 19. Jahrhundert regen Zuspruch. Griechische Kaufleute, russische Gutsbesitzer zogen sich, häufig von Dienern begleitet, für einen beschaulichen Lebensabend ins Kloster zurück. Dass in solchen Haushaltungen neben dem Samowar auch die Nargileh, die Wasserpfeife, in Gebrauch war, brachte die Idiorhythmie in Verruf.

Gegenwärtig werden von jungen Mönchsanwärtern nur kinowitische Klöster aufgesucht. Trotz der zunehmenden Zahl der Klostereintritte ist Athos keineswegs übervölkert. Die heute etwa 1800 Mönche scheinen wenig im Vergleich zu einer Bevölkerungszahl von 7000 Ende des 19. Jahrhunderts.

Zu dieser grossen Zahl hatten einige russische Siedlungen, die als Grossbetriebe mit Mühlen, Kellereien, Destillieranlagen angelegt waren, wesentlich beigetragen. Mit der Oktoberrevolution versiegte der Strom an Menschen und Mitteln aus Russland. Zurück blieben gewaltige Ruinen, die dem heutigen Pilger ein ‹sic transit gloria mundi› entlocken.

Ratlos steht der Besucher in der Stiefelwerkstatt der Skiti Sweti Andreas vor einem Berg nie getragener Russenstiefel. Aus den Bodenbrettern haben sich Holzwürmer durch die Lederschäfte der Stiefel gebohrt. Teile der Gipsdecke haben sich gelöst und sind auf dem Boden zersplittert. Staub bedeckt das noch aufgeschlagene Buchhaltungsbuch mit der gestochenen Handschrift in alter russischer Orthographie, das am 30. Dezember 1925 abbricht.

In der Apotheke der Skiti Profitis Elias verrotten in fein säuberlich beschilderten Schubladen, die immer noch randvoll gefüllt sind, Heilkräuter. Im Giftschrank lagert ein ungeöffnetes Paket von einem halben Pfund Strychnin. Mäuse haben sich in einem Karton voller leerer Pillendosen friedlich eingenistet.

Die Zeit der Athos-Grossbetriebe ist vorbei. Heute hat keines der zwanzig Grossklöster mehr als 80 Mönche. Grosse Werkstätten fehlen. Die meisten der Handwerker unter den Mönchen leben in Skiten und Kellien.

Die Skiten sind heute meist kleinere Klöster, die keinen Sitz in der Mönchsregierung haben. In den Kellien leben ein paar wenige Mönche ein gemeinsames Leben. Geführt wird ein Kellion von einem Jerontas, dem Aeltesten, dem geistlichen Lehrer. Die Mitbewohner sind seine geistlichen Schüler. Ganz auf sich gestellt leben die Einsiedler, die ‹Anachoreten›, die Zurückgezogenen.

Die Vielfalt der Lebensformen auf Athos führt zu einer Vielfalt des religiösen Lebens, dessen Ziel aber doch für alle das eine bleibt: Sich Gott zu nähern, ihn besser, tiefer zu erfahren, eins zu werden mit dem Willen Gottes.

Ansichten eines Berges

Sechzig Kilometer erstreckt sich der östlichste der drei Finger der Chalkidiki-Halbinsel nach Süden. An seiner Südspitze erhebt sich die 2033 Meter hohe Pyramide des Athosgipfels. Weiss leuchtet der oberste Teil des Berges aus den bewaldeten Hängen auf: Schnee im Winter, Farbe des Marmorgesteins im Sommer. In der Gipfelpartie haben Blitze schwarze Spuren im Gestein hinterlassen. Die Gipfelkapelle ist ihnen schutzlos ausgesetzt und schon mehrfach zerstört worden.

Die Antike sah unter dem gewaltigen Gipfel den Riesen Athos verborgen. Sein Rivale Poseidon hatte Athos unter diesem gewaltigen Felsbrocken begraben. Aber der Riese lebt noch! Wenn er sich bewegt, zittert die Erde, fallen Ikonen von den Wänden. Die Mönche haben sich an die Erdbeben gewöhnt. Für sie sind es nicht mehr Regungen eines Titanen, es sind Vorzeichen der Apokalypse, ein unwirsches Kopfschütteln der Natur über die Einsichtslosigkeit des Menschen.

Dies musste auch der Kunstwissenschaftler erfahren, welcher in der Lawra einige Ikonen im Altarraum fotografieren wollte. Die Mönche waren gegen sein Vorhaben, aber sie mussten sich den vorgesetzten Amtsstellen beugen, die eine Erlaubnis zum Fotografieren erteilt hatten. Kaum war die Apparatur aufgebaut, gleichzeitig mit dem ersten Blitzlicht, wankte die Erde und ein dumpfes Dröhnen war aus dem Erdinnern zu vernehmen. Die Allheilige hatte nach der Meinung der Mönche ihr Missfallen kundgetan.

Die Südspitze des Athos ist gefürchtet. Der Perserkönig Darius scheiterte hier mit seiner Flotte. Sein Nachfolger Xerxes liess 481 an der schmalsten Stelle im Norden der Halbinsel einen Kanal bauen, damit seine Schiffe das gefürchtete Kap, an welchem das Meer auch heute nur an wenigen Tagen im Jahr ruhig ist, nicht zu umsegeln brauchten. Zwischen Ajios Nilos und Prodromu ist eine riesige Rutschstelle. Hier schlitterten 1905 bei einem Erdbeben grosse Gesteinsmassen ins Meer. Mönche kamen nicht zu

Schaden, aber die Bewohner des Kellions der Erzengel berichteten noch lange vom herzerschütternden Geschrei einer ins Verderben fahrenden Wildschweinherde.

Der Südhang und die Spitze des Athos gelten bei den Mönchen als besonders energetische Orte. Dies sei eine Gabe der Natur und ein Verdienst all der Heiligen, die bis zum heutigen Tage hier gelebt hätten. In der Tat, es gibt kaum einen Besucher, der in diesem Bereich nicht eine geheime Kraft gespürt hat. Realisten, Skeptiker erleben ein neues Lebensgefühl. Hier setzt sich die Welt jenseits unserer Alltagslogik fort. Einsiedler beantworten einem drängende Fragen, bevor man diese überhaupt gestellt hat. Eremiten erwarten den vom Fusspfad Abgekommenen dank ihrer Hellsichtigkeit. Eine Mondnacht auf dem Athosgipfel führt in transzendentale Bereiche.

Aber auch die Klöster liegen an wohltuenden Plätzen. Nicht Nützlichkeitserwägungen haben Lage und Bau bestimmt. Immer war da zuerst ein göttlicher Fingerzeig. Eine Ikone schwebte plötzlich an einem Felsen, ein Boot fuhr nicht mehr weiter, war nicht mehr von der Stelle zu bewegen, ein Traumgesicht wies Weg und Ort.

Die alten kartographischen Darstellungen des Athos sind alle masslos überzeichnet. Sie stellen dar, was damals wichtig war: Den Gipfel, sein Gegenüber, den kleineren Karmel, und das langgezogene Band der Halbinsel. Ueber allem, auf einer Wolke schwebend, die Muttergottes. Obschon die Mönche bis in die Neuzeit kaum Interesse an der kartographischen Erfassung ihres Gebietes zeigten, sind doch einige bemerkenswerte Versuche unternommen worden. Neben den Blättern der Deutschen Wehrmachtskarte hat die schöne Karte des Wiener Malers Reinhold Zwerger grosses Interesse gefunden. Da schwebt keine Panajia mehr über dem Gipfel, aber es sind mit grosser Liebe zur einmaligen Landschaft die alten Fusspfade und selbst verlassene Kellien aufgezeichnet. Allerdings: Die Mönche legen die Karten lächelnd beiseite. Athos ist für sie eine innere Landschaft. Ein Pilger kann die äusseren Wege gehen, er darf sich ihrer erfreuen; aber wenn er den inneren Weg nicht entdeckt, was nützt dann die Pilgerfahrt?

Die innere Landschaft: Das ist das immerwährende Gebet, die mystische Versunkenheit, die Meeresstille in der Seele. Der innere Gipfel: Das ist die Erfahrung des unerfahrbaren Schöpfers, die Sicht des unerschaffenen Lichts.

Für den Besucher aus Westeuropa ist der Athosgipfel in erster Linie ein Aussichtspunkt, seine Besteigung eine Bergtour. Für die Mönche ist diese Ansicht fremd und erinnert sie an die Versuchungen Christi durch den Teufel. Das gewaltige Bergmassiv vulkanischen Ursprungs, darunter nach dem antiken Mythos der Titan Athos schmachtet, ist in ihren Jahreslauf und somit auch in den Heilsweg einbezogen. Am 6. August gedenken sie auf dem Athos-Gipfel der Verklärung Christi auf dem Berg Tabor.

Der mühsame Aufstieg, der meist auf Meereshöhe beginnt und bis auf 2033 Meter führt, wird traditionell mit einer längeren Rast (rechts) auf der Alp Panajia unterbrochen.

Der prächtigen Rundsicht vom Gipfel abgewandt, versunken in Gebet und innerer Schau, versucht dieser Mönch zum unerschaffenen Licht vorzustossen, dessen Erleben als grosse Gnade gilt.

Der letzte Teil des Aufstieges zur Metamorphosis-Kapelle führt durch kahle Gebirgseinöde. Er steht zeichenhaft für die Kompromisslosigkeit des Lebensweges der Mönche.

Eine letzte Rast bei der Kapelle der Panajia. Dann beginnt der Abstieg und damit die Rückkehr in den Klosteralltag, wo das wiedergewonnene innere Licht manche Zelle erhellen wird.

Pilgerschicksale

Athos verdankt seine Berühmtheit den Berichten seiner Besucher, die ihrer Mitwelt staunend vom Garten der Gottesmutter erzählten. Endlos ist die Reihe der Pilger, der Abenteurer, der Wissenschaftler, der Neugierigen, die Athos im Laufe der Jahrhunderte besucht haben. Die Lektüre der Gästebücher würde Wochen und Monate in Anspruch nehmen. Es bleibt beim Blättern. Hin und wieder fällt ein Name auf. Man hält staunend inne: Der später von der griechisch-orthodoxen Kirche verstossene Kazantzakis hatte sich bei den Ikonenmalern in Kawsokaliwia als Gast eingetragen, als er mit einem Freund den Athos besuchte. In der Skiti Anna findet sich die Unterschrift Erhart Kästners, der mit dem Buch «Die Stundentrommel vom Berg Athos» dem heiligen Berg im deutschen Sprachraum ein bleibendes Denkmal gesetzt hat. In Watopedi findet man die grossen Byzantinisten und Erforscher des Athos wieder: Dölger, Huber, Mylonas, Sherrard. Im kleinen Stawronikita steht die Unterschrift des französischen Staatspräsidenten Giscard. Und in Ajios Pawlos findet der eifrige Durchforscher der Gästebücher den Schweizer Komponisten Paul Burkhard verzeichnet, dessen Lied ‹O mein Papa› zwischen byzantinischen Hymnen vom Küchenpersonal während Jahren immer wieder gesungen wurde.

Die grosse Masse der russischen Pilger in Ajios Panteleimonos, in den Skiten Ajios Andreas und Profitis Elias birgt Namen von einfachen Bauern bis zum Fürsten Romanow. Wie dem russischen Volksbuch «Aufrichtige Erzählungen eines russischen Pilgers» zu entnehmen ist, war Athos neben Jerusalem *der* Wallfahrtsort. Oft wurde Athos auch auf dem Weg nach Jerusalem besucht. Glücklich, wer heil von der Pilgerfahrt nach Hause kam; glücklich auch, wie Inschriften auf Totenschädeln zeigen, wer während der Reise auf Athos verstarb und im Garten der Allheiligen sein Grab fand.

Was mochten die Pilger auf Athos gesucht haben? Häufig handelte es sich um Besuche bei Familienangehörigen, die als Mönche auf Athos lebten. Aber es war mehr als das. Iwan Iwanowitsch Antonow aus dem Landkreis Lebedin, südlich Charkow, schrieb 1871 an seinen Bruder in der Skiti Profitis Elias:

«Mein herzlieber Bruder in Christo! Mein Landkreis und die Meinen haben mich wieder. Aber ich lebe noch ganz in der schönen Ruhe des Heiligen Berges, und Gott möge es mir geben, dass ich dieses himmlische innere Gut immer bei mir bewahren kann. – Meine Hochzeit, meine Kinder, das Auf und Ab der Tage, gar der ferne Tod unserer gesegneten Eltern, die harte Arbeit des Pflügens, die Rechtlosigkeit unserer Zeit, alles wird vorübergehen. In meinem Herzen und auf meiner Stirn aber wird unbeirrt das Licht leuchten, das ich auf dem Athos gewonnen habe. Ich danke der Mutter Gottes täglich unter Tränen dafür...»

War für den Orthodoxen die Pilgerfahrt eine geistige Erneuerung, so fragt sich, was wohl die vielen nichtorthodoxen Besucher nach Athos gezogen hat. Zu den berühmten Reisenden des 19. Jahrhunderts gehört Johann Jakob Fallmerayer. Als Bergbauernbub im Tirol aufgewachsen, erlangte er in München Professorenwürde. Seine Forschungen galten dem alten Byzanz. Auf der Suche nach geschichtlichen Quellen erreichte Fallmerayer 1841 auch Athos und war sofort von der Landschaft und ihren Bewohnern begeistert. Als ihm gar eine Klause in der Nähe des Klosters Dionisiu angeboten wurde, war das Dilemma, dem sich auch viele der heutigen Besucher aus Europa und Amerika ausgesetzt fühlen, klar da:

«Nach einer Nacht voll innerer Bewegung stieg ich in aller Frühe den Klosterfelsen hinab zum Orangenbach, und auf der gegenüberliegenden Seite der Engschlucht zur Klause hinauf, um mein künftiges ‹Ohnesorgen› in der Nähe anzusehen. Indessen senkte sich über Steilwände und Felsengewirre im feiertäglichen Schimmer das Sonnengold vom einsamen Athosgipfel langsam zum Tannenwald herab, legte sich nacheinander auf das helle Kastanienlaub, auf das Platanendickicht, auf die Klause und ihre Gärten mit Herbstflor und Rebgelände, und erreichte endlich die Nussbäume, die Limonien und das dichtverschlungene, laubige Geranke der waldigen Schlucht, fiel auf das Burgverlies, auf den bleigedeckten Dom und die byzantinischen Kuppeln, auf die Mauerzinnen und Söller von St. Dionys: unten lag spiegelglatt der weite Golf und von innen tönte Glockenklang, süsse, heimatliche Seelenmusik des Christentums. Ach, wäre der Mensch bleibender Glückseligkeit hienieden schon fähig, wo empfände er ihren himmlischen Reiz, wenn nicht in der grünen Waldstille dieses beglückenden Chersoneses!»

Fallmerayer hat sich nicht auf Athos niedergelassen. Andere Pilger sind dort geblieben, haben das Mönchsgewand angenommen.

Viele Besucher kommen immer wieder nach Athos zurück, jährlich, alle zwei Jahre, wie es das Weltleben erlaubt. Athos ist ihnen mehr als nur eine mittelalterliche Insel im 20. Jahrhundert. Er ist ihnen auch mehr als nur ein Ort der Naturschönheiten und der Ruhe. Im Gespräch mit den Vätern, in den Gottesdiensten und im Gebet findet die körperliche Existenz des Pilgers ihren tieferen Grund in der seelisch-geistigen Existenz, die im Alltag oft zu wenig wahrgenommen wird. Den Vätern auf Athos ist daran gelegen, die seelisch-geistige Seite des Pilgers zu fördern und zu stärken, so dass sie zum Fundament der physischen Existenz werden kann.

Fasten, Nachtwachen sind weniger Massnahmen gegen die Physis des Menschen als vielmehr Hilfsmittel, die Gesamtexistenz des Pilgers ins Gleichgewicht zu bringen. Die menschliche Individualität soll ‹vergöttlicht›, aber nicht aufgehoben werden. Die Meditationsübungen, so sehr sie an Yoga-Uebungen gemahnen mögen, führen zu keinem Aufgehen des Individuums im Nirwana. Im Gegenteil, sie transzendieren das Individuum und bereiten die individuelle Existenz in der geistigen Welt vor im Sinne des Bibelwortes: «Bleibet in mir und ich bleibe in Euch.»

Fenster geben den Blick frei auf die Umgebung der Klöster, Skite und Einsiedeleien. Wo immer der Blick hinschweift, verliert er sich in Wäldern oder über der Weite des Meers in den Himmel. Dem Pilger kommt unwillkürlich das Wort Paradies auf die Zunge.
Fenster grenzen aber auch ein; zudem erhellen sie den Raum des Betrachters. Wichtiger als die äusseren sind für die der Welt abgewandten Mönche die Fenster zur inneren Welt: die Gebete.

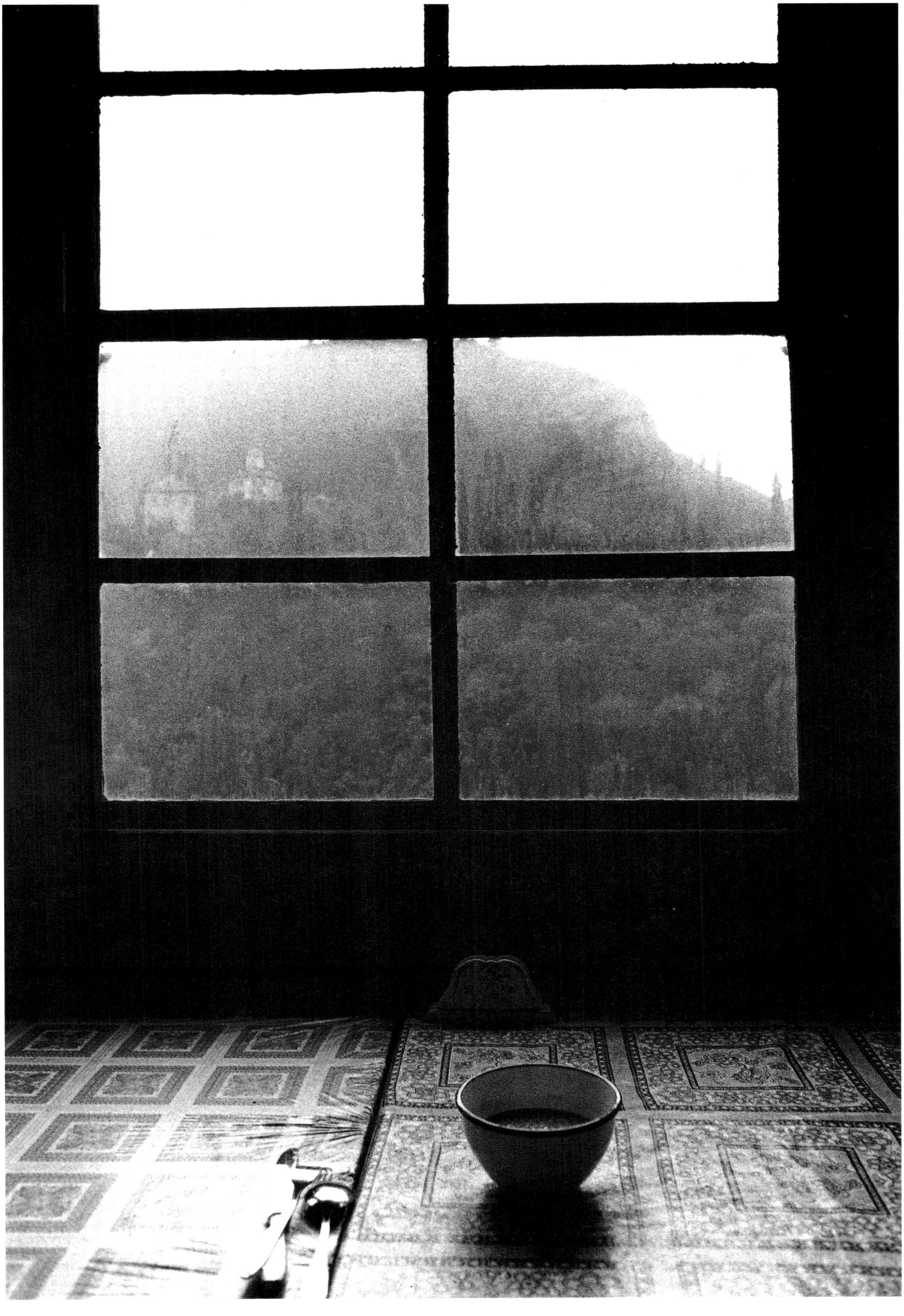

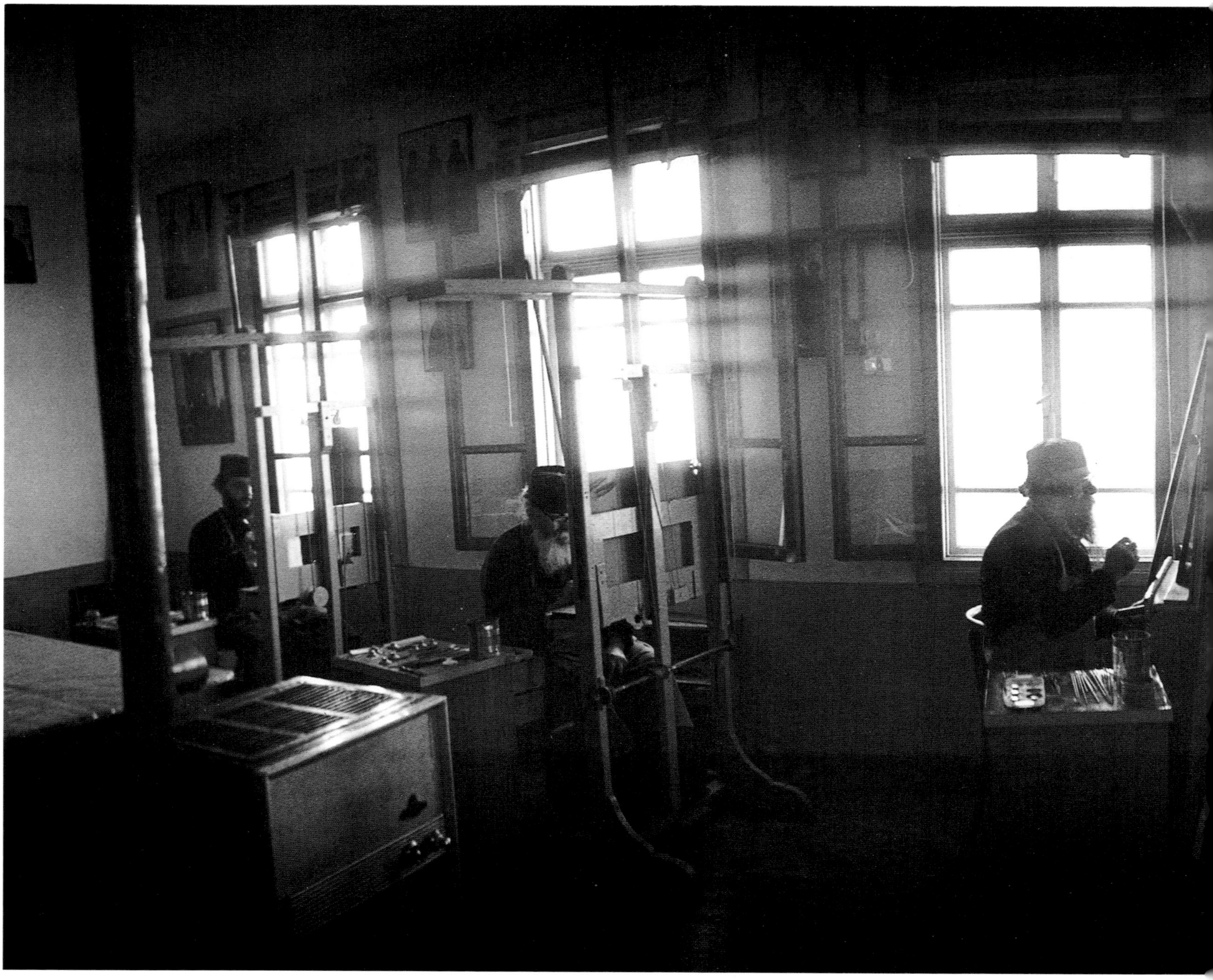

Hell dringt das Licht in das Atelier der Ikonenmaler in Katunakia. Auf ihren Staffeleien entstehen physische Abbilder geistiger Urbilder: Ikonen sind Fenster zum Himmel.

Der Malvorgang erfordert
neben technischem Können
eine tiefe Versenkung in das
Wesen des Darzustellenden.
Malerei und Meditation sind
nicht voneinander zu trennen.
Das Endprodukt ist weniger
wichtig als der innere Weg,
der dazu hingeführt hat.

Vorbereitete Malgründe im Atelier der Iosaphäon in Kawsokaliwia. Ob sie je eine Ikone tragen werden? Vater Antonios ist unbekümmert. «Den Willen Gottes tun und jeden Tag so leben, als sei es der letzte», das ist seine Devise, die ihn auch durch Alter und Krankheit geleitet.

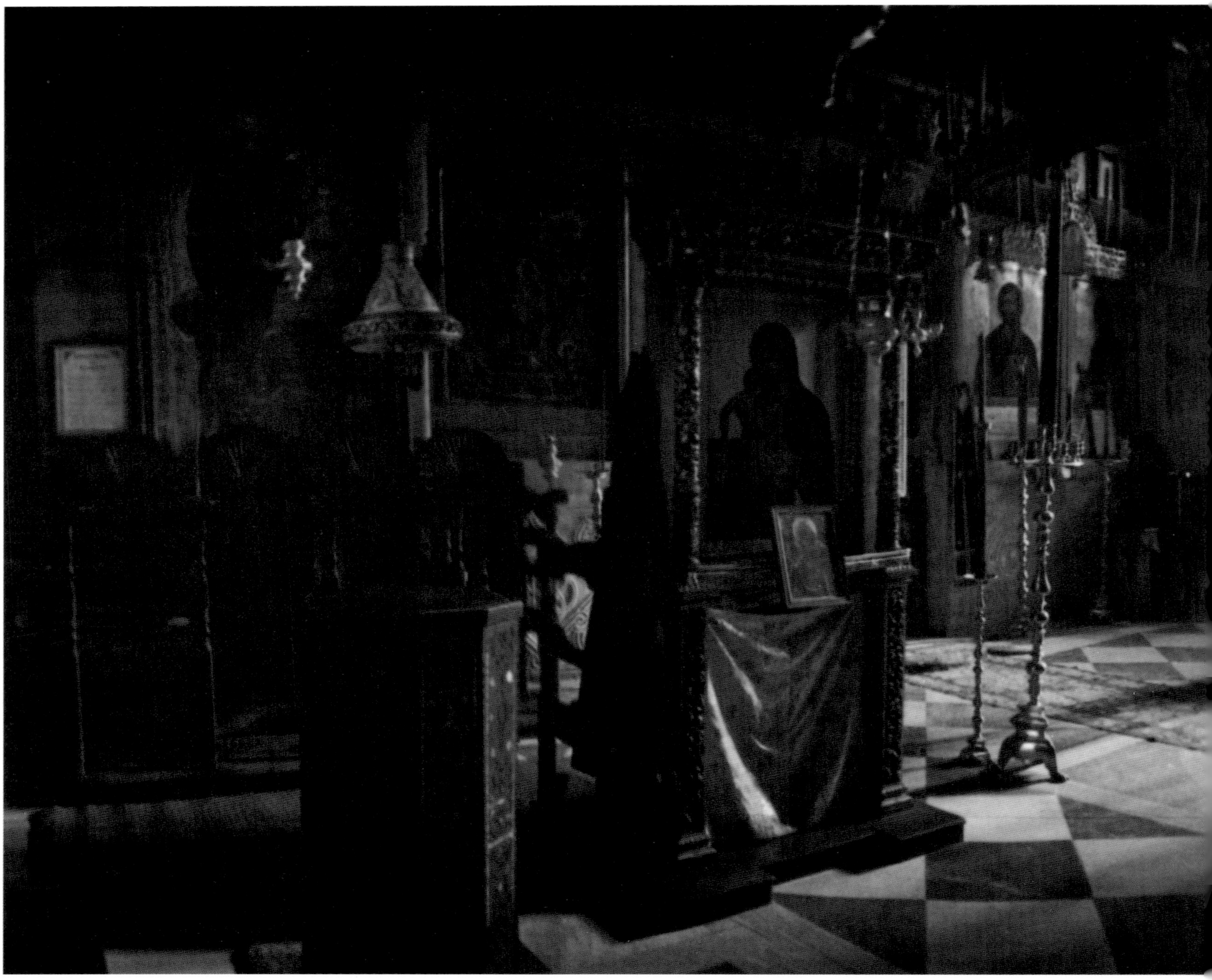

Das winterliche Nachmittagslicht verleiht der Kirche des Protaton, der Hauptkirche in Karies, jene mystische Stimmung, die auch den nicht orthodoxen Besucher am Geheimnis der Ostkirche teilhaben läßt.

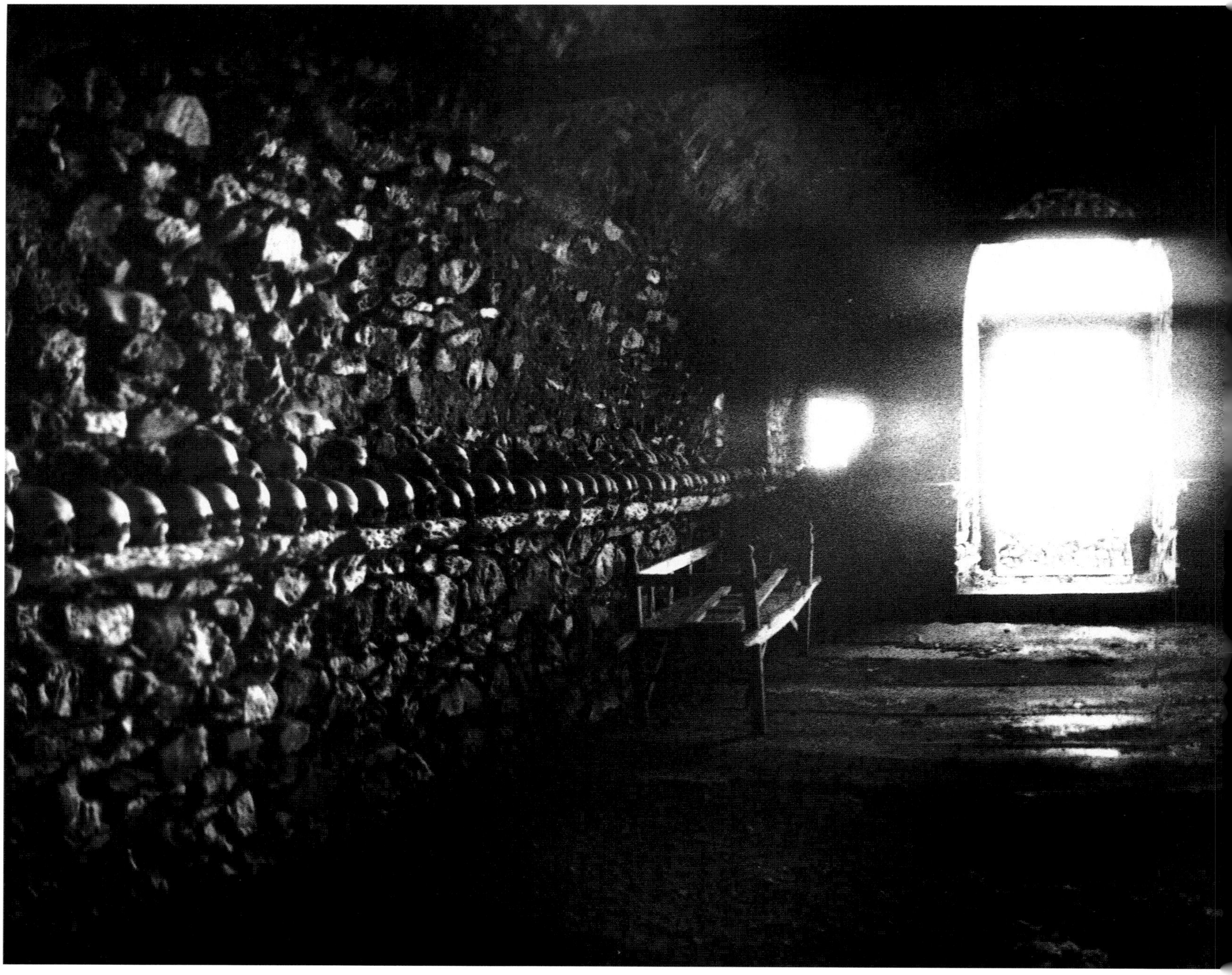

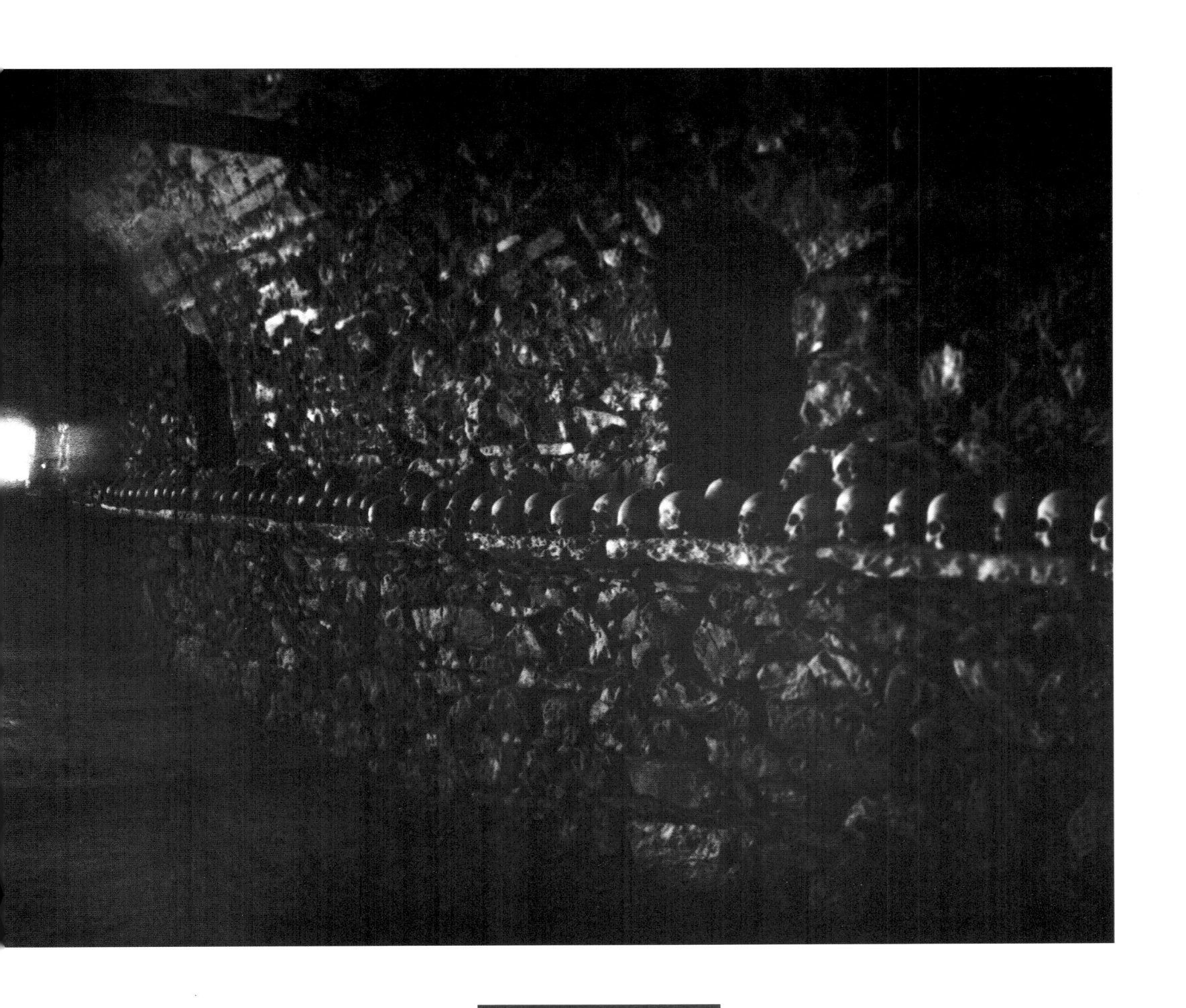

Im Beinhaus der rumänischen Skiti Prodromu: Die Morgensonne überglänzt die langen Reihen der Schädel. Ein Bild, das der tiefen Auferstehungshoffnung der Mönche entspricht.

In der Osternacht erklingt im Schein des wiedererstandenen Lichts das Ostertropar: «Christus ist auferstanden von den Toten und hat den Tod durch den Tod zertreten und denen in den Gräbern das Leben in Gnaden gebracht.»

Das tägliche Leben

Das Kloster Stawronikita liegt an der Ostküste der Athos-Halbinsel, eine Gehstunde von Karies entfernt, auf einem Felssporn über dem Meer. Es ist ein kinowitisches Kloster. Etwa dreissig vorwiegend jüngere Mönche unterstehen dem Abt Wasilios, der in der orthodoxen Kirche als Theologe weit über die Landesgrenzen hinaus bekannt ist.

Der Athos steht in vielen Dingen neben der modernen Welt. In Stawronikita ist wie in allen Klöstern noch der Julianische Kalender in Gebrauch, der unserem Kalender 13 Tage nachhinkt. Auch die Uhren gehen anders. Mitternacht ist bei Sonnenuntergang, und der liturgische Tag beginnt mit dem Esperinos, dem Abendgottesdienst.

15.00 Uhr Dies ist die neunte Stunde nach der Zählung der Mönche. Jetzt im Dezember werden die Schatten an der Ostküste um diese Zeit schon lang. Aber noch arbeiten einige Mönche im Garten. Das Klima hier ist gut. Auch im Winter gedeihen Tomaten, Lauch, Kohl und andere Gemüse ausgezeichnet.

Zwei Mönche richten in einem Schuppen Brennholz her, das für die Küche und die kleinen Öfen in den Zellen benötigt wird. Eine andere Mönchsgruppe lädt auf der Hafenmole Baumaterialien für Renovationsarbeiten auf ein kleines Motorgefährt. Sie tragen alle schwarze Wolljacken über ihrem Mönchsgewand. Das Meer ist bewegt, wie oft im Winter.

Plötzlich ist vom Kloster her ein durchdringendes Klopfgeräusch zu hören. Ein Mönch geht mit einem dünnen Holzbalken, dem ‹talanto›, durch den Klosterhof und schlägt darauf den Rhythmus ‹to talanto to talanto to tala tala talanto›. Sein Ruf will ein Dreifaches: Er ruft mit seinem rhythmischen Klopfen die Mitbrüder zum Gottesdienst. Er erinnert an Noah, der mit dem Klopfen des Holzhammers an die Wand der Arche die Tiere zu sich rief, damit sie gerettet würden. Das Klopfen soll aber auch an das Gleichnis der

Talente erinnern, das jeden Mönch anspornen soll, seine Begabungen ganz in den Dienst Gottes zu stellen.

Die Mönche beenden ihre Arbeiten ohne Hast, kehren ins Kloster zurück, waschen sich, begeben sich in ihre Zellen, um sich für den Gottesdienst vorzubereiten. In dieser Zeit hat der Mönch mit dem ‹talanto› noch zwei Umgänge gemacht. Sein Schlagen tönte mit jedem Mal eindringlicher.

Nun treten die Mönche, einer nach dem andern, in die Hauptkirche, ins Katholikon. Sie verneigen sich tief vor den Ikonen im Narthex. Bevor sie die Ikonen küssen, entblössen sie ihr Haupt, das sie vorher mit Kappe und schwarzem Schleier bedeckt haben. Dann treten sie in den Kirchenraum und nehmen ihre Betstühle ein. Die Königliche Pforte in der Ikonenwand ist geöffnet und gibt die Sicht auf den Altar frei. Dieses Bild ist für die Mönche von tiefer Bedeutung: Die geöffnete Königliche Pforte symbolisiert die geöffneten Paradiestore. So hatte die Geschichte der Menschheit begonnen. Schöpfer und Geschöpf waren sich nahe.

Am Ende des Gottesdienstes wird die Königliche Pforte geschlossen sein. Die Menschen haben das Paradies verlassen. Die Finsternis und Mühsal der Welt umgeben sie.

Die Mönche leben dieses Drama jeden Tag mit. Es ist auch ihr ureigenstes Drama. Sie haben die Welt verlassen, um Gott wieder zu finden. Sie möchten einen Blick hinter die Paradiespforten tun, jetzt schon, in diesem irdischen Leben.

16.30 Uhr Die Mönche verlassen die Kirche und begeben sich zur ‹trapeza›, dem Speisesaal. Die langen Tische sind gedeckt. In den Metalltellern dampft ein Linsengericht. Vor den Tellern das aufgeschnittene Brot. Krüge mit Wasser und Wein. Stehend hören sich die Mönche das Tischgebet an. Sie bekreuzigen sich, setzen sich dann und beginnen die Mahlzeit. Ein Vorleser liest ihnen dazu aus den Heiligenleben vor. Gespräche werden keine geführt. Nun schlägt der Abt eine Glocke an. Das bedeutet, dass Wein getrunken werden darf.

Ein weiteres Glockenzeichen beendet die Mahlzeit. Ein Mönch spricht das Dankgebet. Der Abt stellt sich an der ‹trapeza›-Tür auf und segnet die Weggehenden.

17.00 Uhr Die Mönche, soweit sie nicht in der Küche arbeiten müssen, machen noch einen kleinen Spaziergang vor dem Klostertor; allein, zu zweit oder mit Besuchern des Klosters zusammen. Sie bewundern den verschneiten Athosgipfel, der aus den ihn umlagernden Wolken aufragt.

17.30 Uhr Der Tag geht zur Neige. Die Mönche werden ins Kloster gerufen. Das Tor wird verschlossen. Alle begeben sich in die Kirche zum Apodipnon, dem Gutnacht-Gebet. Ein Mönch liest das Gebet zur allheiligen Gottesgebärerin, der Herrin des heiligen Berges, und bittet darauf im Gebet zum Schutzengel um Bewahrung während des Schlafs. Der Abt erteilt den Segen. Dann gehen alle in ihre Zellen zurück zur Nachtruhe. Da und dort erleuchtet eine Lampe das Fenstergeviert. Geistliche Nachtlektüre verkürzt die ohnehin schon knapp bemessenen Stunden des Schlafs.

0.30 Uhr Das Hämmern des ‹talanto› hallt durch den Klosterhof und holt die Schläfer aus den Träumen zurück. In der Kirche bereitet der Sakristan den Mitternachtsgottesdienst vor. Neue Kerzen werden aufgesteckt, und das Oel in den Lampen wird ergänzt. Der Ofen im Kirchenraum muss beheizt werden, denn der Gottesdienst wird sich über zwei Stunden durch die Nacht hin erstrecken.
Die Mönche stehen oder sitzen in den Stasidien, den Betstühlen. Ihre Gebete, Psalmengesänge und Troparien (auf Psalmen oder Evangelien basierende poetische Texte) sollen ein Abbild des nie verstummenden Engelgesanges sein.
Grenzerfahrungen werden hier gemacht. Der Körper steht schlafend im Betstuhl, während das Bewusstsein ganz klar den Inhalten der Gebete folgt. Körper und Geist gehen

ihre eigenen Wege. Das Troparion der Werktage spricht darum auch vom Wachzustand der Seele, der anzustreben sei: «Siehe zu, meine Seele, dass du dem Schlaf nicht verfällst, damit du nicht dem Tod übergeben und aus dem Gottesreich ausgeschlossen wirst. Sei vielmehr nüchtern und rufe: ‹Heilig, heilig, heilig bist Du, unser Gott. Um der Gottesmutter willen habe Erbarmen mit uns!›» Wie der Schlaf für den Weltmenschen ein Gleichnis des Todes ist, so sind die Grenzerfahrungen der nächtlichen Wachen für den Mönch Vorwegnahmen des Todes, der Trennung von Körper und Seele.

2.30 Uhr Der Mond übergiesst die Kuppeln des Katholikons mit seinem kalten Licht. Das mächtige Geräusch der Brandung erfüllt die Winternacht. Die Mönche haben sich wieder zur Ruhe gelegt, denn bereits in zwei Stunden wird sie das ‹talanto› wieder zum Orthros, dem Morgengottesdienst, und zur daran anschließenden Liturgie rufen.

Die Pilger haben oft Mühe mit diesem Lebensrhythmus. Sie spüren die Wahrheit des Paulus-Wortes: «Der Geist ist willig, aber das Fleisch ist schwach.»

Die Mönche trachten danach, ihren Körper dem Geist unterzuordnen. Dass dies einigen gelungen ist, bezeugen nicht nur die Legenden, die von Levitationen und wunderbaren Heilungen berichten. Viele Mönchsbiographien zeigen uns den Uebergang aus einem körper- und triebbestimmten Leben in ein geistbestimmtes. Wer Mönche über Jahrzehnte kennt, weiss um die unglaublichen physiognomischen Veränderungen, welche die Vergeistigung des Wesens begleiten.

Dabei sind die Mönche, von Uebertreibungen abgesehen, weit davon entfernt, ihren Körper zu verachten. Er gehört zum Menschsein und Mönchsein. Aber die Vorherrschaft des Geistes ist das klare Ziel des Lebens. Der Geist strukturiert die Materie und dadurch auch das Psychische. Wenn sich im Tod der Geist für andere Aufgaben frei macht, fällt der Körper den Naturgesetzen anheim.

4.30 Uhr Der Morgengottesdienst beginnt. Die Mönche bringen Gott ihr Lob dar, dass er nach dem Dunkel der Nacht das Licht des Tages und das geistliche Licht der Wahrheit aufstrahlen liess. Der Grundgedanke des Gottesdienstes ist die geheimnisvolle Ordnung des Weges der Heilsgeschichte, die ‹oikonomia› des innern Zusammenhanges von Altem und Neuem Testament, die sich zueinander wie Verheissung und Erfüllung verhalten.

Der feierlichste Teil und zugleich Höhepunkt des Morgengottesdienstes ist das sogenannte «Polyeleos» – «Viel-Gnade». Die Kirche, die bisher nur durch einige wenige Kerzen vor der Ikonostase beleuchtet war, wird nunmehr voll erleuchtet, die Königliche Pforte wird geöffnet, um die Verbindung der Anwesenden mit dem Himmelreich zu versinnbildlichen. Der Priester, dem ein Leuchterträger vorausgeht, beweihräuchert die Türen, die Bilderwand, die Anwesenden und die ganze Kirche. Der Chor stimmt den Lobgesang an: «Lobsinget dem Herrn, ihr Seine Diener, und preiset Seinen Namen. Alleluja. Alleluja. Alleluja.»

Die an den Orthros anschliessende Liturgie bildet den Höhepunkt des Tages. Die Mönche benutzen die körperliche Uebung der ‹metania›, um ihren Körper von der letzten Trägheit zu befreien: Sie werfen sich auf die Knie, berühren mit der Stirn den Boden, immer wieder. Priester und Diakone ziehen ihre liturgischen Gewänder an. Das Anlegen der geistlichen Gewänder symbolisiert den Empfang einer neuen, geistleiblichen Seinsweise: das Ueberkleidetwerden mit der himmlischen Leiblichkeit. Der Liturg, der die geistlichen Gewänder angezogen hat, ist Repräsentant des paradiesischen Menschen.

Die Eucharistie bildet den geheimnisvollen Mittelpunkt der Liturgie. Sie ist geprägt durch die persönliche Gegenwart des Herrn, so wenn der Priester nach dem grossen eucharistischen Gebet ruft: «Christus ist mitten unter uns!» und wenn der mitzelebrierende Priester nach dem Empfang des Friedenskusses antwortet: «Er ist es und wird es sein!» Oder wenn der Chor nach dem Empfang der Kommunion singt: «Wir haben gesehen das wahre Licht. Wir haben empfangen den Heiligen Geist. Wir haben den wahren Glauben gefunden. Lasset uns anbeten die unteilbare Dreiheit, denn sie hat uns erlöst.»

Die Gesänge der Liturgie sind prächtig. Das ‹ison›, ein liegenbleibender, nur nach Abschnitten variierender Ton, bildet die klangliche Grundlage, über der die Sänger ihre melodischen, mit vielen Melismen verzierten Bögen schlagen. Die archaische Melodik bringt Sänger und Zuhörer in einen entrückten Zustand. Zugleich ist der liturgische Gesang eine den ganzen Menschen ergreifende und durchgestaltende Atemübung.

7.00 Uhr Die letzten Mönche verlassen die Kirche. In der ‹trapeza› versammeln sich alle zum gemeinsamen Mahle. Dies wird bis zum Abend die einzige Mahlzeit bleiben.

Nach dem Essen werden die anfallenden Arbeiten in und ums Kloster an die Mönche verteilt. Die Küchenmannschaft bereitet bereits das Abendessen vor. In den Gärten, beim Bootshaus, im Innenhof: überall sind Mönche tätig. Ein Gastpater kümmert sich um die abreisenden und bereits ankommenden Pilger. Ein Mönch bringt die Post ins Städtchen Karies.

13.00 Uhr Eine kurze Mittagsruhe unterbricht die Tätigkeiten, und schon bald ruft das ‹talanto› wieder zum Abendgottesdienst. Ein Tag im Mönchleben hat damit seinen Abschluss gefunden.

Die Gottesdienste der Mönche beschränken sich nicht nur auf die Kirchen und Kapellen; auch die nähere Umgebung des Klosters wird ins liturgische Geschehen mit einbezogen. Auf dem Friedhof wird der Verstorbenen gedacht; Gärten, Quellen, Maultiere werden gesegnet.

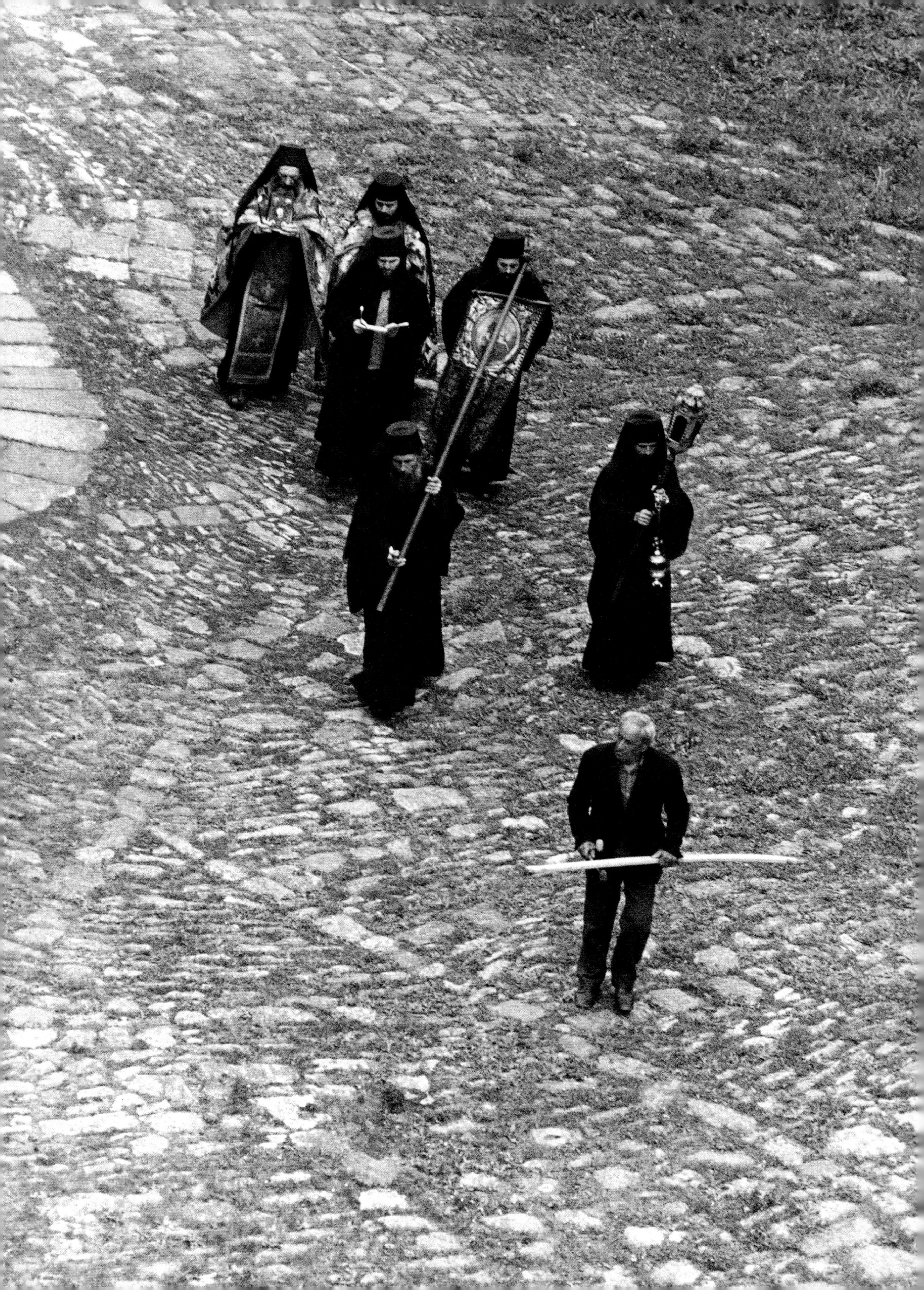

Der Reichtum an liturgischen Texten wird auf dem Athos voll ausgeschöpft. Zum Vollzug der Liturgie sind bis zu zwölf verschiedene Bücher nötig.
Die Prozession am Fest des Heiligen Georg in Zografu wird angeführt durch einen Laien, der das ‹talanto› trägt. Dieses flache Holzstück wird mit einem Hammer geschlagen, um Mönche und Pilger zum Gottesdienst zu rufen.

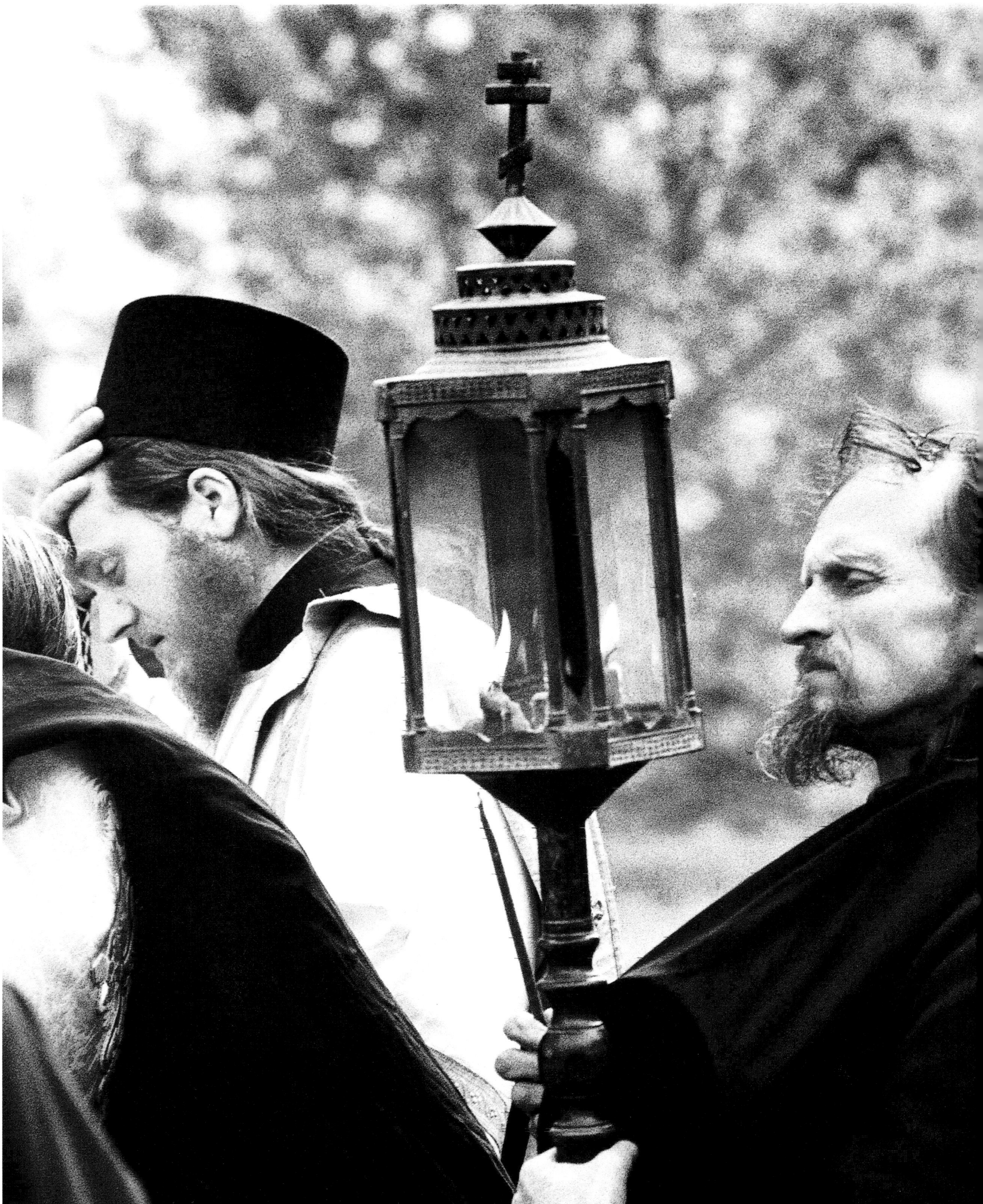

Mönche des russischen Klosters Panteleimonos während der Osterprozession: Die Anstrengungen der langen Fastenzeit und der ausgedehnten Gottesdienste zeichnen die Gesichter. Die Augen sind der Welt abgewandt: inneres Sehen ist wichtiger.

«Was nützt es dem Menschen, wenn er die ganze Welt gewinnt, aber Schaden leidet an seiner Seele?» Im Zentrum des täglichen Lebens steht für die Mönche das Abstandnehmen von ihrem Ich, ihrem Eigenwillen und die Hinwendung zum Gottesreich, das allein Geborgenheit schenkt.

Eine kurze Pause hat der Mönch eingelegt, der im Hof von Panteleimonos das ‹talanto› schlägt. Doch eigentlich ist es keine Pause, denn in seinem Innern vollzieht sich das immerwährende Jesusgebet: «Herr Jesus Christus, Sohn Gottes, erbarme dich meiner.»

Der weite Hof der Skiti Prodromu erinnert an Zeiten, als hier Scharen von Pilgern ein und aus gingen. Heute versuchen wenige Mönche das zu halten, was noch vorhanden ist.

Die Zwiebeltürme von Panteleimonos, überragt von reich verzierten Kreuzen, zeichnen sich im Mittagsglast ab (umstehend). Fern sind auch hier die Zeiten, als noch russische Pilgerschiffe in der Bucht vor Anker gingen.

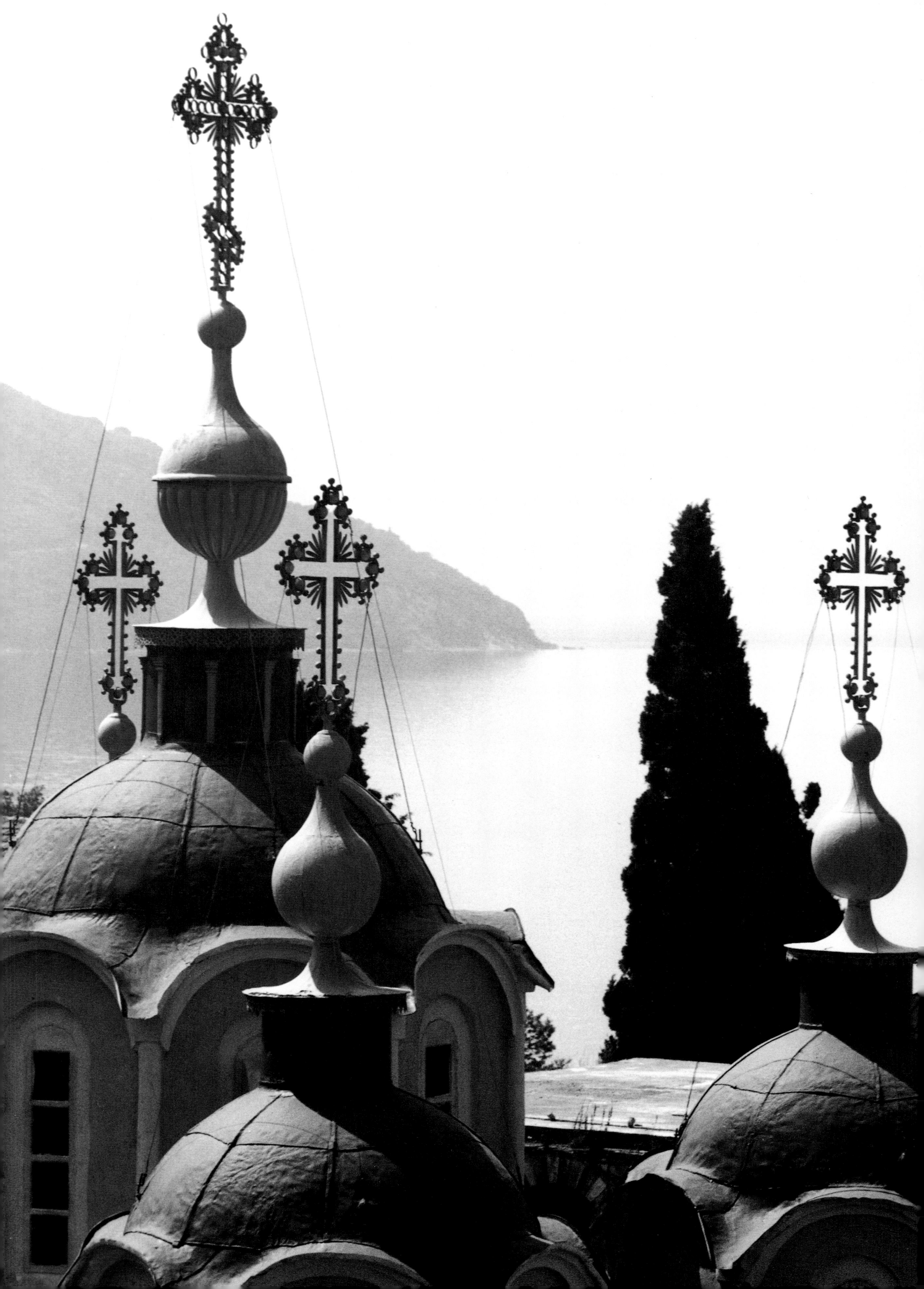

Fenster zum Himmel

«Ikonen sind Fenster zum Himmel», sagt Vater Antonios in Kawsokaliwia. Und er muss es wissen, denn er sitzt schon vierzig Jahre Tag für Tag in seinem Atelier und malt Heiligenbilder. Ein meist gezogener Vorhang hält das grelle Aussenlicht ab, während Vater Antonios die Gesichter und Faltenwürfe nach der Tradition des Malerhandbuches sorgfältig nachbildet.

Begonnen hat sein Leben allerdings ganz anders. Als Rekrut in die unseligen Kriegswirren an der griechisch-albanischen Grenze geschickt, hat er Not, Elend, Hunger und Todesängste durchlitten. «Wir waren wie Tiere», sagt er heute noch.

Seine erste tiefgreifende Begegnung mit einer Ikone fällt in diese dunkle Zeit. In Korca verteilt der gutherzige Antonios seinen gesamten Proviant an eine albanische Familie mit vom Hunger gezeichneten Kindern. Zum Dank für seine Wohltat erhält er vom Familienältesten, einem Muslim, ein kleines Muttergottesbild, das dieser zuvor aus dem Schutt einer Kirche gezogen hatte.

Das Bild bleibt immer im Brotsack. Es ist die einzige Nahrung für mehrere Tage auf den Märschen durch Kälte und Ungewissheit. Die Kameraden fallen, erfrieren, verhungern. Antonios schlägt sich bis in die Gegend von Kastoria durch. Jahre später, auf der Flucht vor den Wirren des griechischen Bürgerkrieges führt das Bild – es zeigt die Muttergottes als Odijitria – als Wegweisende, Antonios nach Athos in das Atelier der Iosaphäon in Kawsokaliwia.

Der Beginn ist hart. Hände, die ein Gewehr geführt haben, müssen sich an eine feine Pinselarbeit gewöhnen. «Das war nicht das schwierigste», sagt Vater Antonios rückblickend. «Der handwerkliche Vorgang der Ikonenherstellung kann erlernt werden. Man sucht sich ein geeignetes Stück Holz, schleift es glatt, trägt eine Grundierung aus Gips und Leim auf, die wiederum geschliffen wird. Dann überträgt man die Zeichnung auf die Ikone, legt zuerst den Grund aus

Blattgold und malt dann das Bild zu Ende. Zuletzt schützt man es mit einem Firnis. Das Anrühren der Mineralfarben mit Eiweiss ist zwar nicht ganz problemlos, jedes Atelier hat da seine Geheimnisse, aber man kann es lernen.»

Aber Ikonen sind für Vater Antonios weit mehr als Handwerk, mehr auch als Kunsthandwerk. ‹Ikona› meint im Griechischen das Bild schlechthin. Es ist ein Abbild, das am Urbild teil hat. Nur so ist die Wirksamkeit einer Ikone zu erklären. Die Urbilder aber sind die geistigen Gestalten der Heiligen, der Gottesmutter.

Ikonen sind geistige, nicht physische Portraits. Physische Gesichtszüge sind optisch zu erfassen und können bei entsprechender Schulung auch bildmässig weitergegeben werden. Wie aber kann die geistige Gestalt einer Person erfasst werden? «Wir müssen uns in die geistige Biographie einarbeiten in grosser Demut und Bescheidenheit. Aus dieser Bescheidenheit heraus wird es dem echten Ikonenmaler kaum einfallen, sein Werk zu signieren.»

Vater Antonios kennt die europäische Malerei nicht. Er macht keine Unterscheidung zwischen Kitsch und Kunst. Für den einfachen Bauern aus seinem Heimatdorf malt er den heiligen Georg in der Manier des 19. Jahrhunderts: Im Vordergrund den feuerspeienden Drachen in schrillem Grün, den heiligen Georg auf weissem Pferd, im Mittelgrund den Turm mit der Königstochter und im Hintergrund Berge und einen makellosen hellblauen Himmel.

«Wenn der Besteller der Ikone durch dieses Bild mit seinem Heiligen in tieferen Kontakt kommen kann, dann hat es den Zweck erfüllt. Wenn eine alte, sogenannt echte byzantinische Ikone in einer Villa über dem Cheminée hängt, ohne dass die Besitzer zum Urbild eine Beziehung haben oder suchen, dann ist die Bestimmung der Ikone nicht erfüllt.»

Die Bestimmung einer Ikone beschäftigt Vater Antonios auch jetzt, wo er einen Goldgrund vorbereitet. Er liebt dieses Gold. Es soll das Bild nicht nur wertvoller machen. Ein

Goldgrund hat keine Perspektive, und das ist gut so. Perspektive täuscht Raum vor, Raum täuscht Zeit vor, Zeit ist Vergänglichkeit. Aber die Urbilder weisen aus der Zeitlichkeit in die Ewigkeit, in die Zeitlosigkeit. Dies ist alles zu bedenken, wenn der Goldgrund gelegt wird.

«Wenn in den nächtlichen Gottesdiensten Kerzen und Oellampen die Ikonen schwach beleuchten, schimmert das Gold wie ein inneres Licht auf. Es ist das Licht, das die heilen Seelen erfüllt.»

Wenn es nach Vater Antonios ginge, würde er nur byzantinische Ikonen mit Goldgrund herstellen. Aber viele Auftraggeber aus seiner nordgriechischen Heimat hangen an den perspektivischen Darstellungen des 19. Jahrhunderts. Da geht Vater Antonios Kompromisse ein, allerdings, nicht ohne den Auftraggeber mündlich oder schriftlich über die wahre Bedeutung des Goldgrundes belehrt zu haben.

Zu den Malutensilien von Vater Antonios gehört auch die an der Staffelei befestigte Malstange. Sie dient zum Aufstützen der Hand bei feinen Arbeiten. Vater Antonios benützt die Stange fast immer. «Malen ist für mich auch beten. Denn sowohl beten wie malen gehen mit dem Atem zusammen. Ich male meist nur in den Atempausen im Jesusgebet. Das verlangsamt und vertieft den Malvorgang und verhindert zu grosse ablenkende Geschäftigkeit.»

Dass es auf Athos auch Ateliers voller Geschäftigkeit gibt, weiss Vater Antonios. Er bringt dafür ein gewisses Verständnis auf. Die Mönche müssen durch ihre Arbeit ja für ihren Lebensunterhalt sorgen.

Sinnlos scheint ihm die Landschaftsmalerei, und ganz ablehnend verhält er sich gegenüber der Fotografie. Sie ist ihm Abklatsch der Dinge, plattes Abbild der physischen Realität ohne geistige Dimensionen. Zudem widerspricht es dem Demutsgebot, sich abbilden zu lassen. Diese Ansicht teilt Vater Antonios mit den meisten Mönchen auf Athos. Unter diesen Voraussetzungen wird jedes fotografische Werk über

Athos für jeden Fotografen zu einer höchst schwierigen und dornenvollen Angelegenheit.

Der Bilderflut unseres visuellen Zeitalters halten besonders Einsiedler die Leere der Bildlosigkeit gegenüber. Bilder sind Besitz, belasten auf die Dauer wie jeder Besitz, müssen deshalb abgebaut werden. Ikonen, meinen sie, seien zwar Fenster zum Himmel, der Himmel aber, das neue Jerusalem, liege jenseits unserer Bilder, aller Bilder.

Vater Antonios ist da nicht so radikal. Er lebt stark in Bildern. Die Farben des Abendhimmels über dem Meer sind für ihn Saumfarben des göttlichen Kleides. Und der Regenbogen bedeutet ihm viel als Zeichen der Güte und Versöhnung. Wenn er das Gewand eines Heiligen verziert, so geschieht das mit einer Zahlensymbolik, die im Malerhandbuch nicht erwähnt wird. Der Wissende kann aus der Zahl der im Gewandsaum aufgemalten Perlen das Datum des Namensfestes des Heiligen oder der Heiligen lesen.

«Malen ist ein Liebesdienst an den Heiligen, die uns so viel geschenkt haben», sagt Vater Antonios. Er möchte noch lange weitermalen. Aber die Arbeit wird von Jahr zu Jahr schwieriger. Die Augen ermüden rasch und brennen. Was noch schlimmer ist: Die Hand auf der Malstange zittert, seit sich der Beginn der Parkinsonschen Krankheit bemerkbar macht.

Skiti Kawsokaliwia am Südhang des Athos: Blick auf die Hauptkirche mit Glockenturm und das rechts daran anschliessende Xenona, in welchem die Pilger gastfreundlich empfangen werden.

Vater Kirillos aus Kreta lebt allein in seinem Kellion. Er stellt Betschnüre her, arbeitet als Selbstversorger im Garten. Doch den Mittelpunkt seines Lebens bilden die Lektüre der Kirchenväter und die Vertiefung ins Jesusgebet. Das Mönchsein empfindet er als Lebensaufgabe, die er von Gott empfangen hat. «Mönche sind nicht Weltflüchtige, sondern Menschen, die zu den Tiefen des Lebens vorzustossen gewillt sind», meint er.

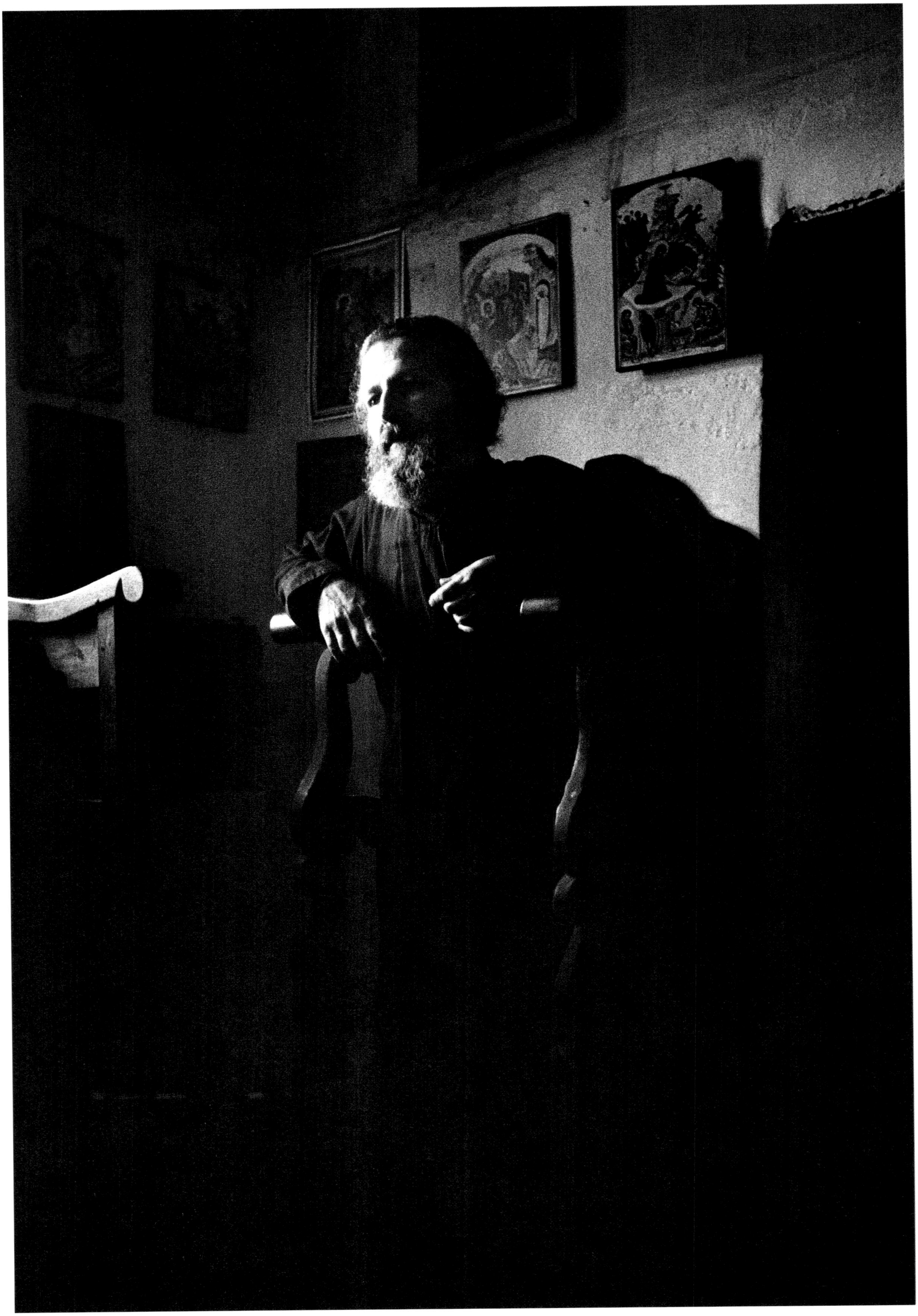

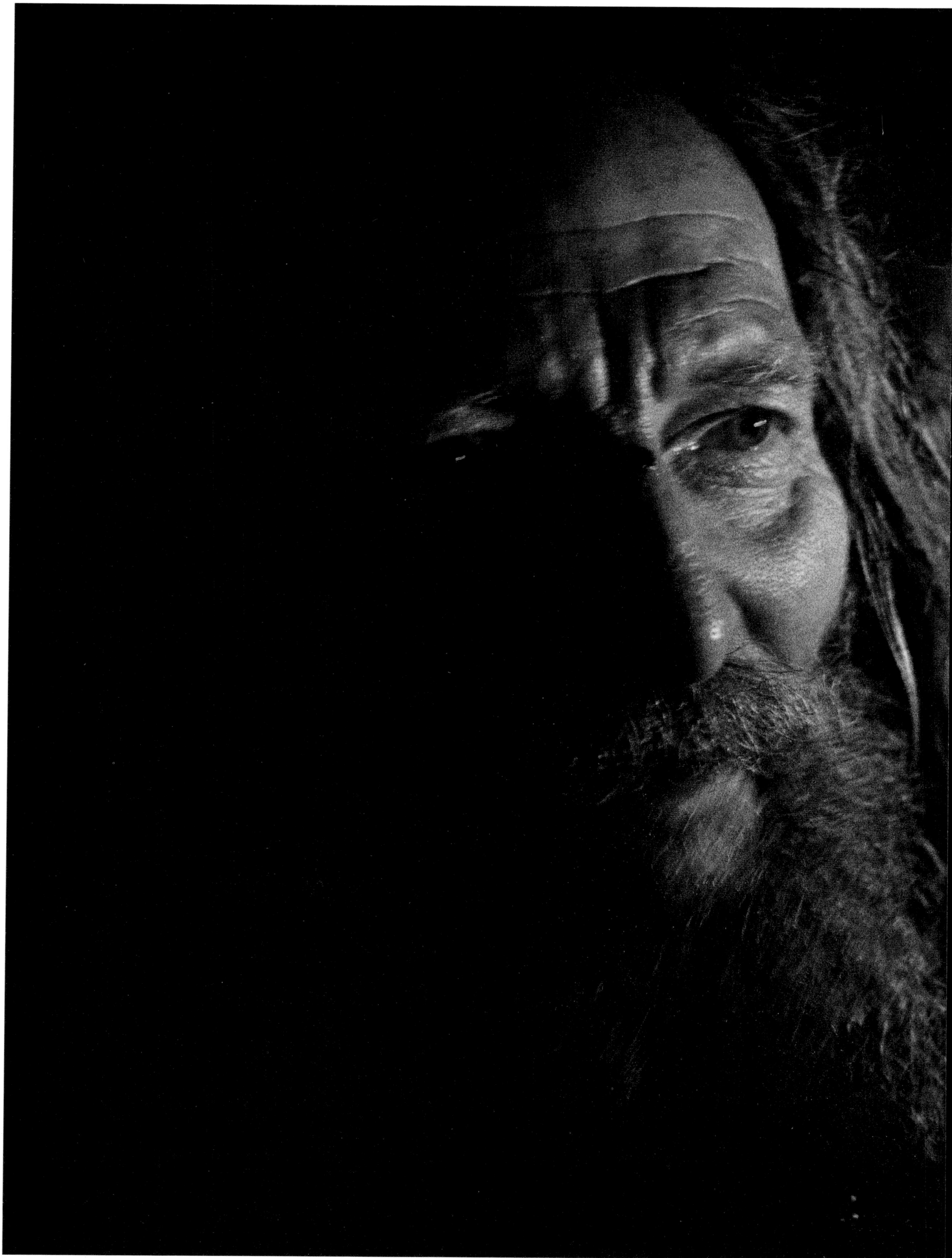

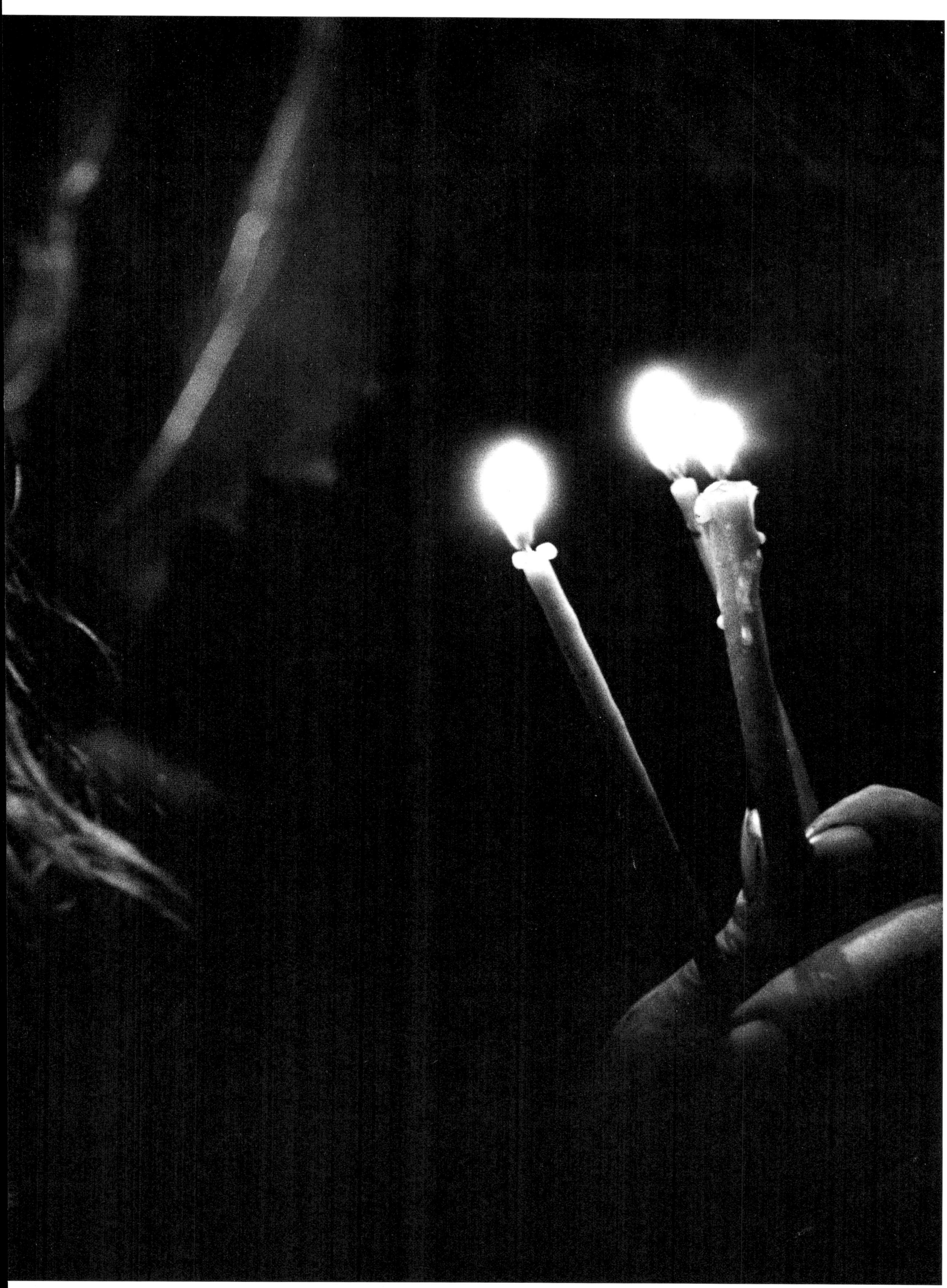

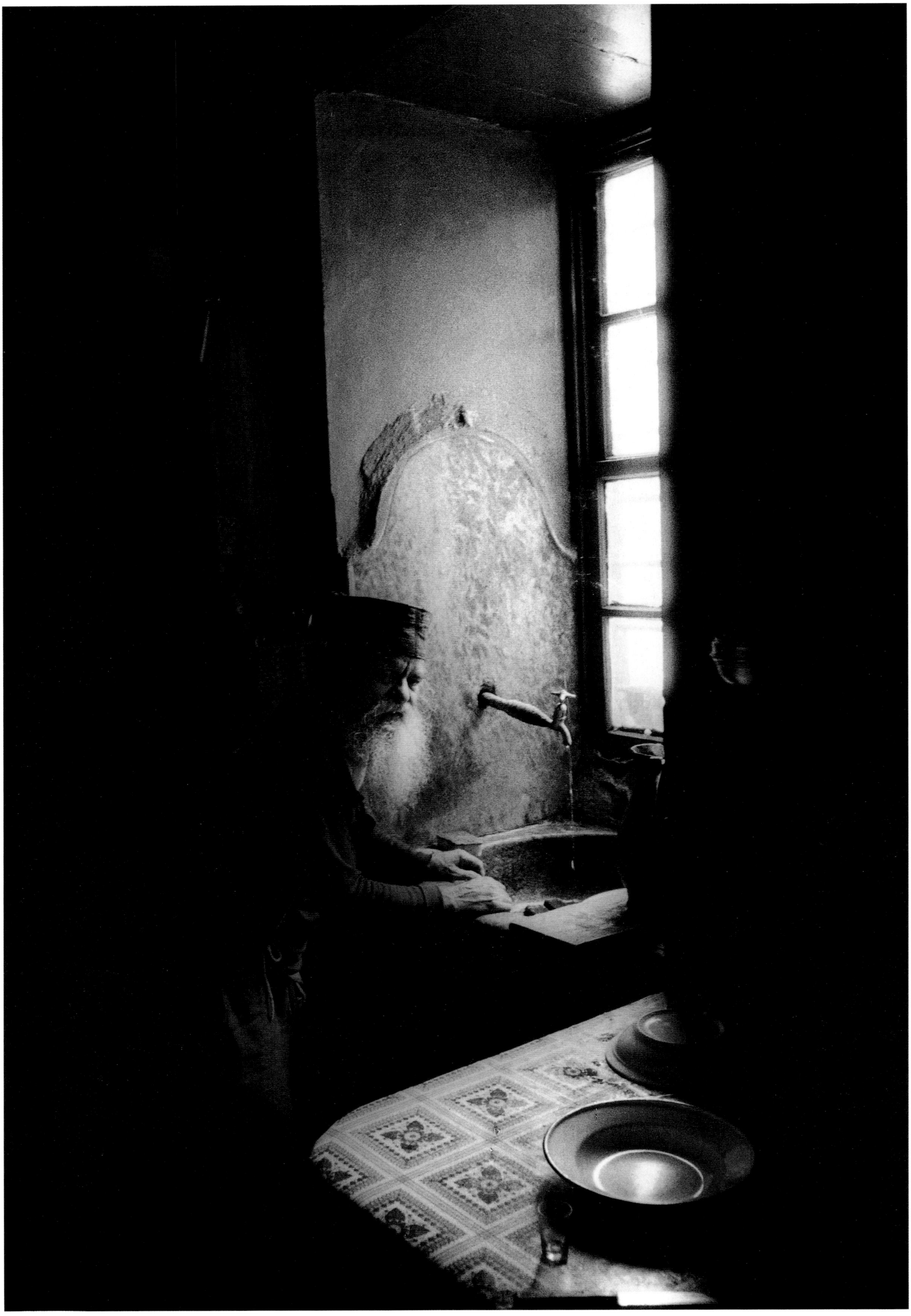

Ihr Gewand uniformiert die Mönche. Trotzdem zeigen sich in der Lebensgestaltung grosse individuelle Unterschiede. Vater Stefan (vorstehende Doppelseite) lebt als Einsiedler in Karulia eine fast ekstatische Beziehung zu Gott. Für Vater Antonios (links) in Kawsokaliwia ist das Demutsgebot der zentrale Punkt, während der anonym gebliebene Mönch aus Zografu (oben) im Schweigen seine Erfüllung gefunden hat.

Nicht wegzudenken auf Athos sind die Laien, die meist unauffällig im Hintergrund Arbeiten zum Wohl der Mönche verrichten wie hier in der Küche des Klosters Zografu. Ein rumänischer Mönch als Uhrmacher in seiner Werkstatt in Karies (rechts).

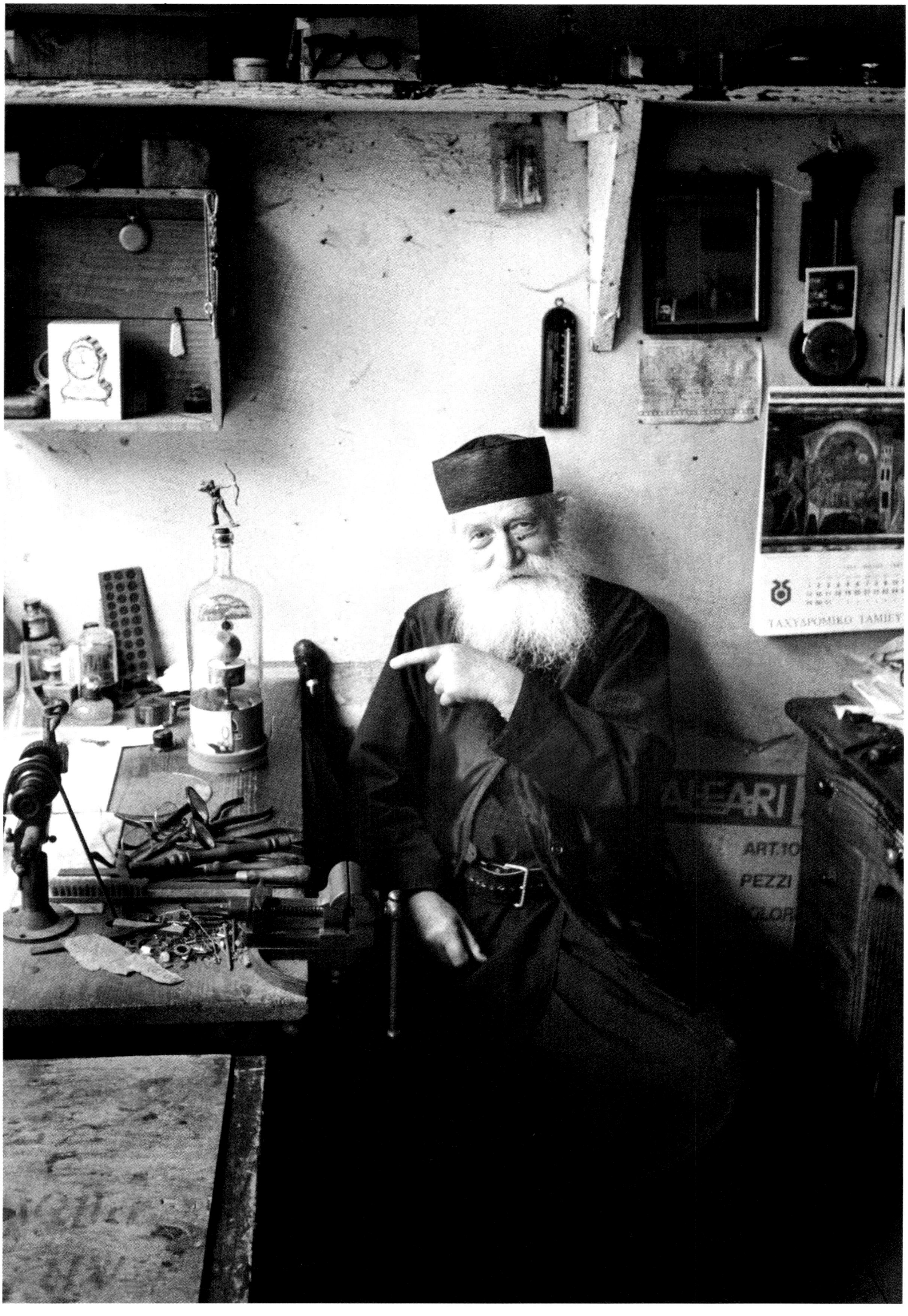
ΤΑΧΥΔΡΟΜΙΚΟ ΤΑΜΙΕΥ
PEZZI

‹Filoxenia› (Gastfreundschaft)
wird auf Athos sehr gepflegt,
denn in der griechischen
Sprache bedeutet das Wort
‹xenos› sowohl ‹der Fremde›
wie auch ‹der Gast›.
Mit wenigen Mitteln zaubert
der Koch in Panteleimonos
seine russischen Spezialitäten,
Borschtsch und Schtschi, auf
den Tisch.
Weltstrenge und Geistesklarheit werden zeichenhaft im
Aquädukt von Simonos Petras
(übernächste Seite) und in
den darunter gekauerten Silhouetten der Mönche.

83

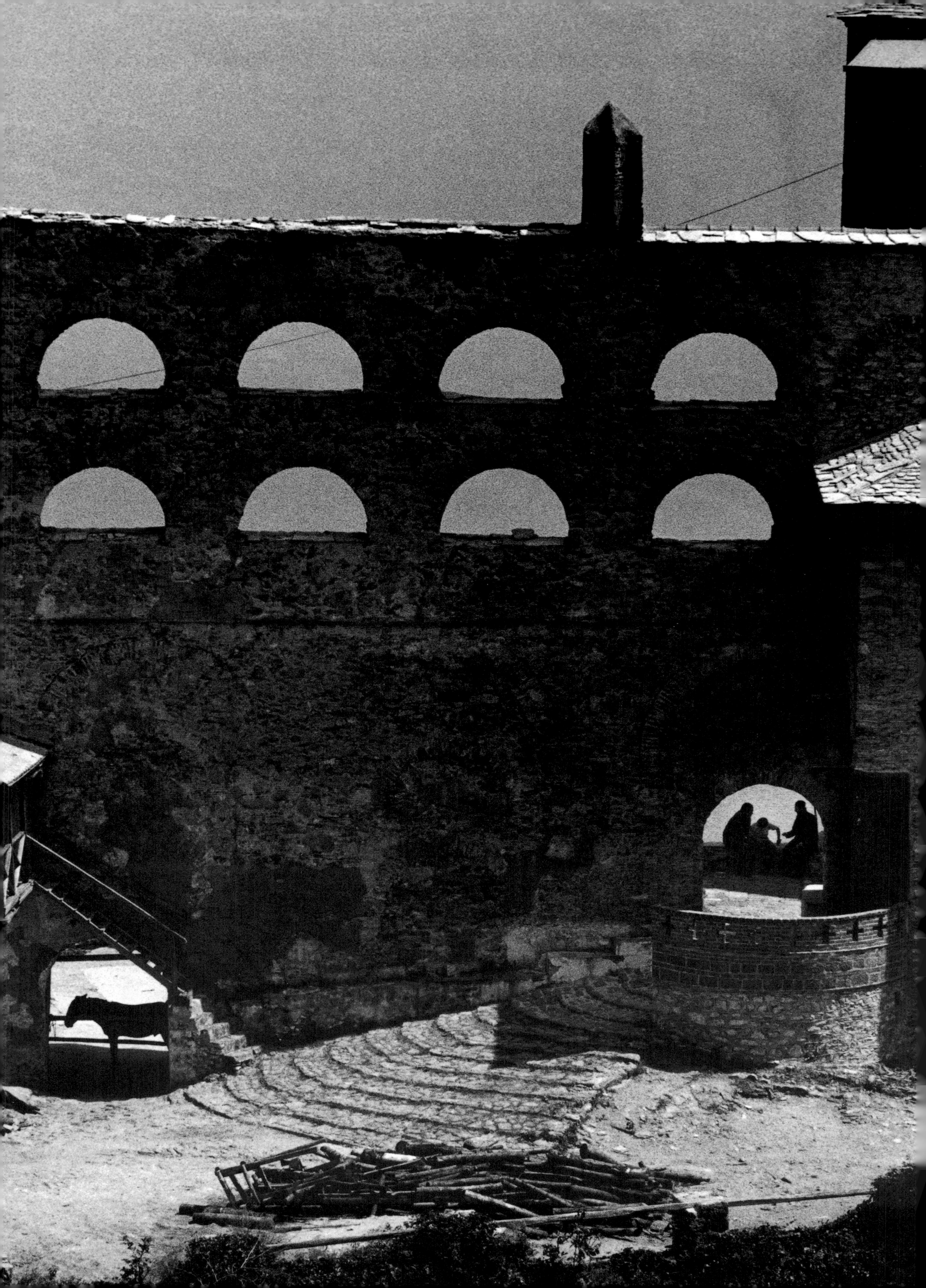

Das unerschaffene Licht

Vater Ioakim erstaunt die wenigen Pilger, die ihn in der abgelegenen Skiti Ajios Nilos besuchen immer wieder. Er wartet meist schon unter der Tür zu seinem Kellion auf den Gast, der sich gar nicht angekündigt hat, und er beantwortet Fragen, bevor sie gestellt werden.

Vater Ioakim hat nur sechs Jahre die Volksschule besucht. Er hat den Beruf des Schneiders erlernt. Dann ist er nach Athos gekommen. Er hat bei seinem Jerontas, einem Hesychasten (‹hesychia› = Seelenruhe), das Jesus-Gebet erlernt, das nun sein ganzes Sein durchdringt und bestimmt.

Wohl arbeitet Vater Ioakim im Garten und bei schlechtem Wetter im Schneideratelier. Aber viele Stunden des Jahres verbringt er in mystischer Schau. Stunden? Tage? Vater Ioakim würde diese Ausdrucksweise ablehnen. Er blickt kopfschüttelnd auf die Zeitmaschinen, welche die Pilger an den Handgelenken tragen. Uhren sind für Vater Ioakim Handschellen. Wir Weltmenschen sind für ihn Gefangene der Zeit. Wir leben mit den Schulden der Vergangenheit und den Sorgen der Zukunft, anstatt im ewigen Jetzt zu ruhen. Unsere Leben sind durchbraust von Stürmen. Vater Ioakim hat die ‹galini›, die Meeresstille der Seele, erreicht.

Wie? Durch Demut, Gnade, Jesus-Gebet. Jesus-Gebet meint die endlose Wiederholung der kleinen Formel: «Herr Jesus Christus, Sohn Gottes, erbarme dich meiner.»

Ein Mantra? Vater Ioakim kennt diesen Ausdruck nicht, aber seine gebildeten Nachbarn, auch Hesychasten, die ihr ganzes Bemühen auf die Schau des unerschaffenen göttlichen Lichtes in der Ekstase des Gebetes ausrichten, würden den Vergleich ablehnen. Am Ende ihrer Meditation steht keine Ich-Auflösung im Unendlichen, sondern eine ganz persönliche Gotteserfahrung. Gott, der Schöpfer aller Dinge, selber unerschaffen, ‹ho on›, der Immerseiende, wird vom Menschen, seinem Geschöpf, als das unerschaffene Licht geschaut. Den Mönch, der diese Stufe erreicht hat, beschreibt Symeon der Neue Theologe in einer seiner Hymnen wie folgt:

«Einsam, nicht mit der Welt vermischt,
Spricht er ständig mit Gott allein.
Schauend wird er geschaut, liebend wird er geliebt.
Zu Licht ist er, zu unaussprechbar glitzerndem, geworden.
Gesegnet, fühlt er sich umso ärmer.
Obgleich er nah ist, bleibt er doch fremd.
O Wunder, seltsam und unerklärbar allerwege.»

Im Kellion Ajios Sawas, nahe der Grossen Lawra, hat im 14. Jahrhundert ein Mönch mit Namen Grigorios Palamas den Hesychasmus im Streit mit dem aus Kalabrien stammenden Mönch Warlaam, dem späteren Griechischlehrer Petrarcas, verteidigt. Ausgangspunkt des Hesychastenstreits waren die Lichterscheinungen, von denen die Einsiedler immer wieder berichteten und heute noch berichten, die während der Meditation auftreten können und deren Verschwinden als grosser Verlust empfunden wird. Die Gegner verwiesen die Visionen ins Gebiet der Sinnestäuschungen. Sie argumentierten, dass der Leib unmöglich Gott, den Unerschaffenen, wahrnehmen könne. Palamas hingegen vertrat die Ansicht, dass der Mensch nicht das Wesen Gottes, wohl aber seine Energien wahrnehmen könne, welche sich dem Mystiker bei entsprechender Uebung als Lichtfeld zeigen.

    Wie aber vollzieht sich denn die Uebung des Jesus-Gebetes? «Der Anfang ist für den Weltmenschen schwierig und braucht viel Geduld», sagt Vater Ioakim. «Du musst dich auf dein Herz konzentrieren. Schliesse die Augen, neige den Kopf und blicke mit deinen inneren Augen auf dein Herz. Versuche zu sehen und zu hören, wie es schlägt. Ganz deutlich musst du jede Bewegung des Herzens wahrnehmen.

    Erst wenn du das mühelos kannst, dann beginne, die Gebetsworte mit dem Schlag des Herzens zu unterlegen. Beim ersten Schlag sage oder denke: Herr, beim zweiten: Jesus, beim dritten: Christus, beim vierten: erbarme dich, beim fünften: meiner. Wiederhole dies so oft du kannst.

Hast du eine Weile so gelebt, so beginne das Jesus-Gebet mit dem Atem ins Herz hinein und wieder hinaus zu führen. Sage oder denke beim Einatmen: ‹Herr Jesus Christus›, beim Ausatmen ‹erbarme dich meiner›. Verlass aber nie den Pulsschlag, der allem zu Grunde liegt.

Bist du schon sehr fortgeschritten in der Uebung, dann wird dir dein geistlicher Vater auch das Innehalten zeigen: Zwischen dem Ein- und Ausatmen hältst du den Atem an und sprichst oder denkst: Sohn Gottes.

So hast du nach Jahren der Uebung das ganze Gebet: ‹Herr Jesus Christus, Sohn Gottes, erbarme dich meiner›. Eine Wärme beginnt in deinem Herzen zu wohnen, die jedes körperliche Bedürfnis, sei es Hunger, Durst oder Kälte, übertönt. Es ist die Wärme der Gottesnähe. Sie allein schon ist es wert, unser Leben mit dem Jesus-Gebet zu verbinden.

Ob du das Licht, das unaussprechliche, sehen wirst, hängt nicht von deinen Gebetsbemühungen ab. Die Lichtschau ist Gnade, die Gott denen schenkt, die ihn wahrhaft lieben. Nicht das Ausmass geistlicher Uebung zählt letztlich, sondern die bedingungslose Liebe. Das begreifen die Weltmenschen, aber auch viele Mönche, nur schwer.»

Vater Ioakim schweigt. Der Kopf ist leicht zum Herzen geneigt, so, als horche er seinem fortwährenden inneren Gebet. Wie verhalten sich aber tägliche Arbeit und mystische Schau? Schliessen sie sich nicht gegenseitig bis zu einem gewissen Grade aus?

Vater Ioakim sagt von seiner Arbeit als Schneider und Gärtner: «Es ist eine gute Arbeit. Nicht zu leicht, aber auch nicht zu verzwickt, so dass der Geist frei ist für das Gedenken des Heiligen.»

Von der täglichen Lektüre im «Buch der Tugendliebe», in der «Philokalia», sagt er: «Das Gelesene muss bewegt werden im Herzen, sonst bleibt es tot. Es ist alles wie eine Nahrung. Es muss zubereitet werden, gekostet, mit eigenen Säften vermischt, sonst nährt es uns nicht. Ein Wort muss dir zur unversiegbaren Nahrung werden, zum Oel und Brot im Kasten, das nie zu Ende geht. Aber dazu musst du es richtig aufschliessen, und der Geist muss dich erfasst haben.»

Aber Vater Ioakim kennt auch die Schwierigkeiten eines solchen Unternehmens: «Wir verstopfen uns immer wieder mit dem Vielen. Dabei tut nur eines not. Und dieses kann uns nicht genommen werden.»

Hin und wieder trifft Vater Ioakim mit Vater Stefanos zusammen, der am Rand eines Felsabsturzes lebt. Seine Hütte hat kein Fenster zum Meer und zum grenzenlosen Horizont. Dort, wo andere Menschen bewundernd vor der Natur verharren würden, wendet er sich ab. «Zerstreuungen. Alles Zerstreuungen! Sie bringen dir Sinnenkitzel, nähren nur deinen Welthunger. Erst wenn du dich abwendest vom Aussen, entdeckst du die Schätze des Innen, der Seele.

Viele klagen, sie könnten nicht meditieren. Ihre Augen sind das Aussen gewöhnt. Wenden sie sich plötzlich nach innen, so ist da nur Leere. Die meisten haben keine Geduld, das innere Sehen zu lernen. Sie bleiben am Aussen hängen. Sogar die Mönche. Sie bewundern die schönen Farben der Fresken, der Ikonen, des Himmels. Sie verbrauchen kostbarste Zeit, um Blumen im Garten zu ziehen, die schon nach kurzer Zeit welken werden. Den Garten der Seele lassen sie brach.»

Vater Stefanos blickt schwermütig durch die starken Brillengläser. Er sieht keine Lösung, die Mitmönche und die Einsiedler zur Einsicht zu bringen.

««Ich kann nicht glauben, helfen Sie mir!› sagen viele Pilger. Ich kann ihnen nicht helfen. Ich kann nur beten für sie. Was heisst denn glauben? Glauben ist eine Erfahrung. Wer Gott erfahren hat, glaubt nicht mehr. Er ist seiner Sache sicher. Wer das innere Licht geschaut hat, kann nicht mehr in der Finsternis der Sinne ertrinken.»

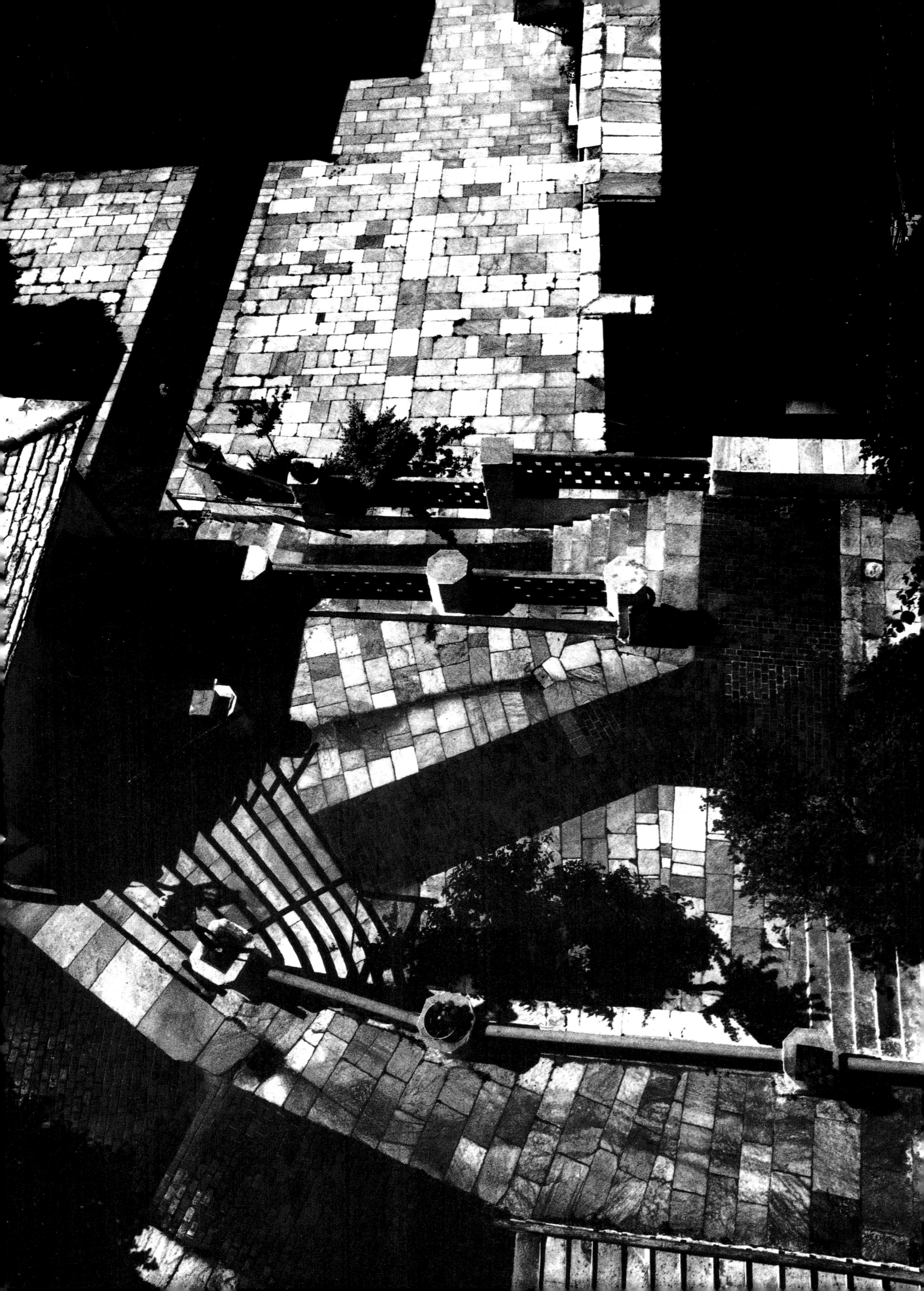

Obwohl die Bausubstanz der Klöster durch Brände, Erweiterungen und Erneuerungen immer wieder verändert worden ist, beeindruckt doch ihre Harmonie: organische Formstrenge im Klosterhof von Panteleimonos (vorstehende Seite).

Paradiesische Wildnis hat sich entlang der Pilgerwege bis auf den heutigen Tag erhalten. Sie spendet den Pilgern willkommenen Schatten und bietet vielen Tieren einen intakten Lebensraum. Zugleich dient sie der Kontemplation. Daher nennen die Mönche die Wildnis auch den Mantelsaum Gottes.

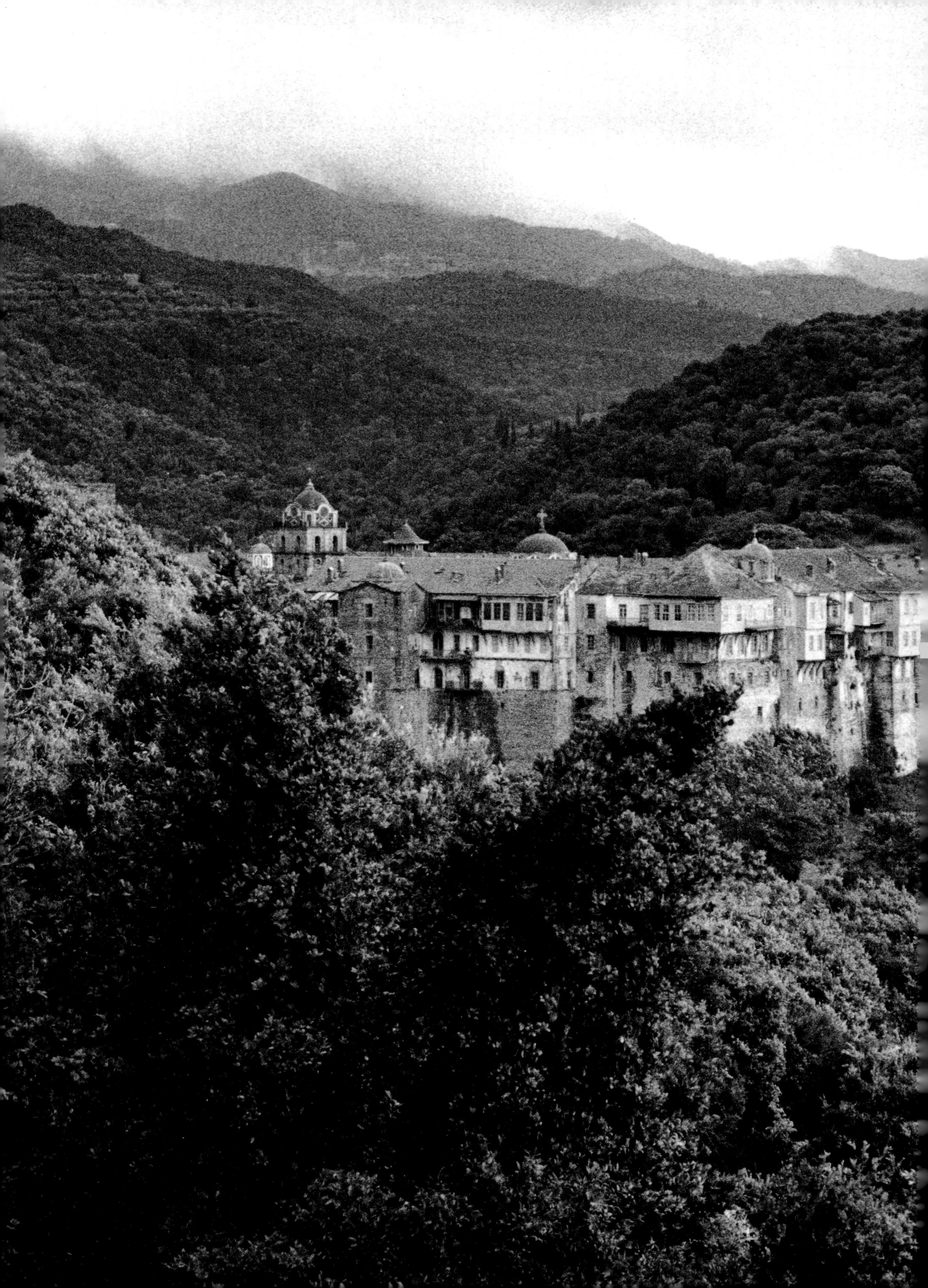

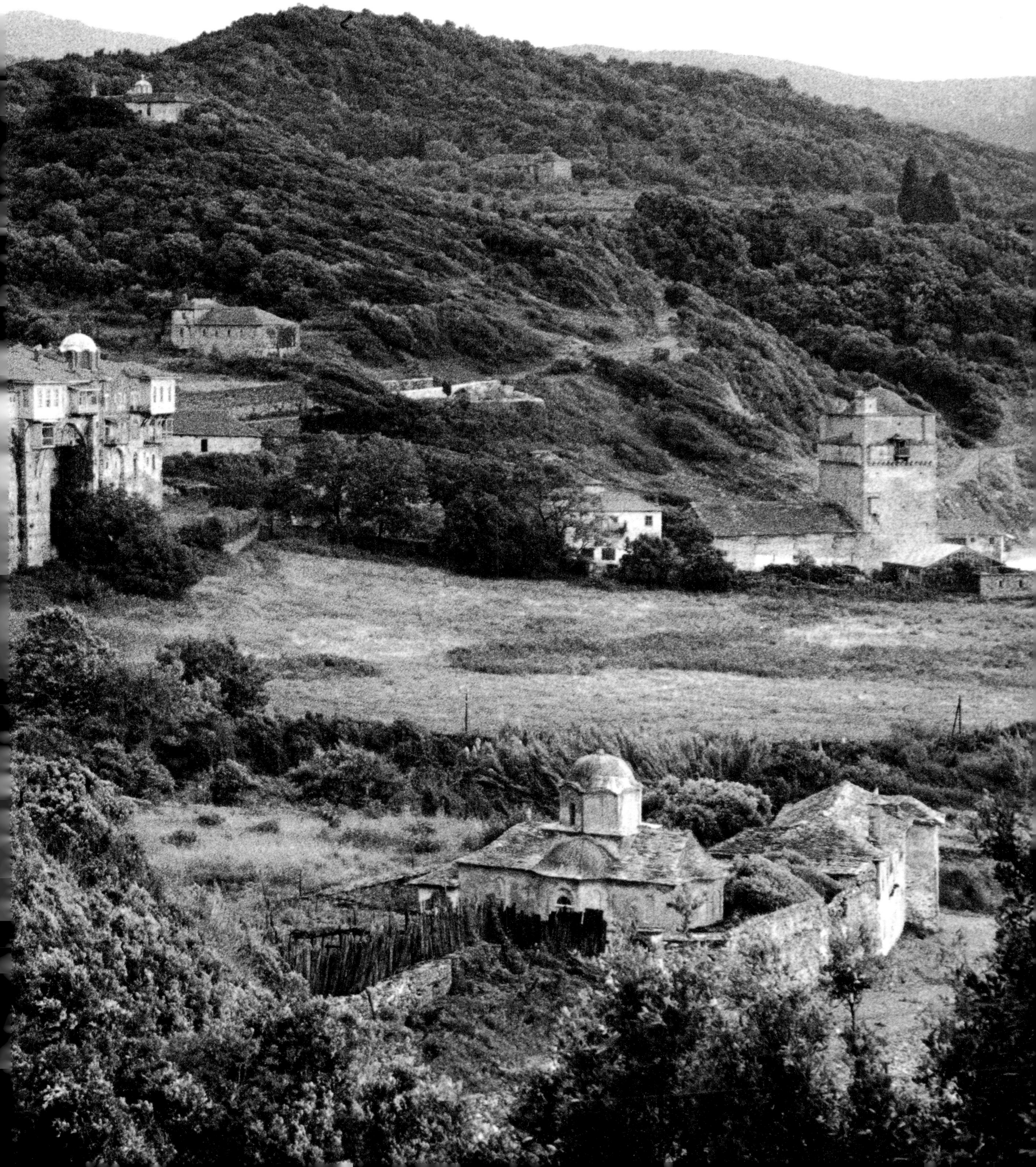

Die athonitische Landschaft kommt in ihrem Stimmungsgehalt dem religiösen Erleben des Pilgers sehr entgegen. Ziehende Nebel über den Waldungen oberhalb des Klosters Iwiron (vorstehende Doppelseite) lassen an die Flüchtigkeit menschlichen Lebens denken. Ein plötzlicher Lichteinfall im Waldesdunkel erinnert an Augenblicke der Erleuchtung. Der wohlbestellte Garten von Stawronikita mit dem Ikonostas des Heiligen Tryphon im Vordergrund und der Friedhofkapelle vor dem weiten Meer stellt die Frage nach dem Wert menschlicher Tätigkeit.

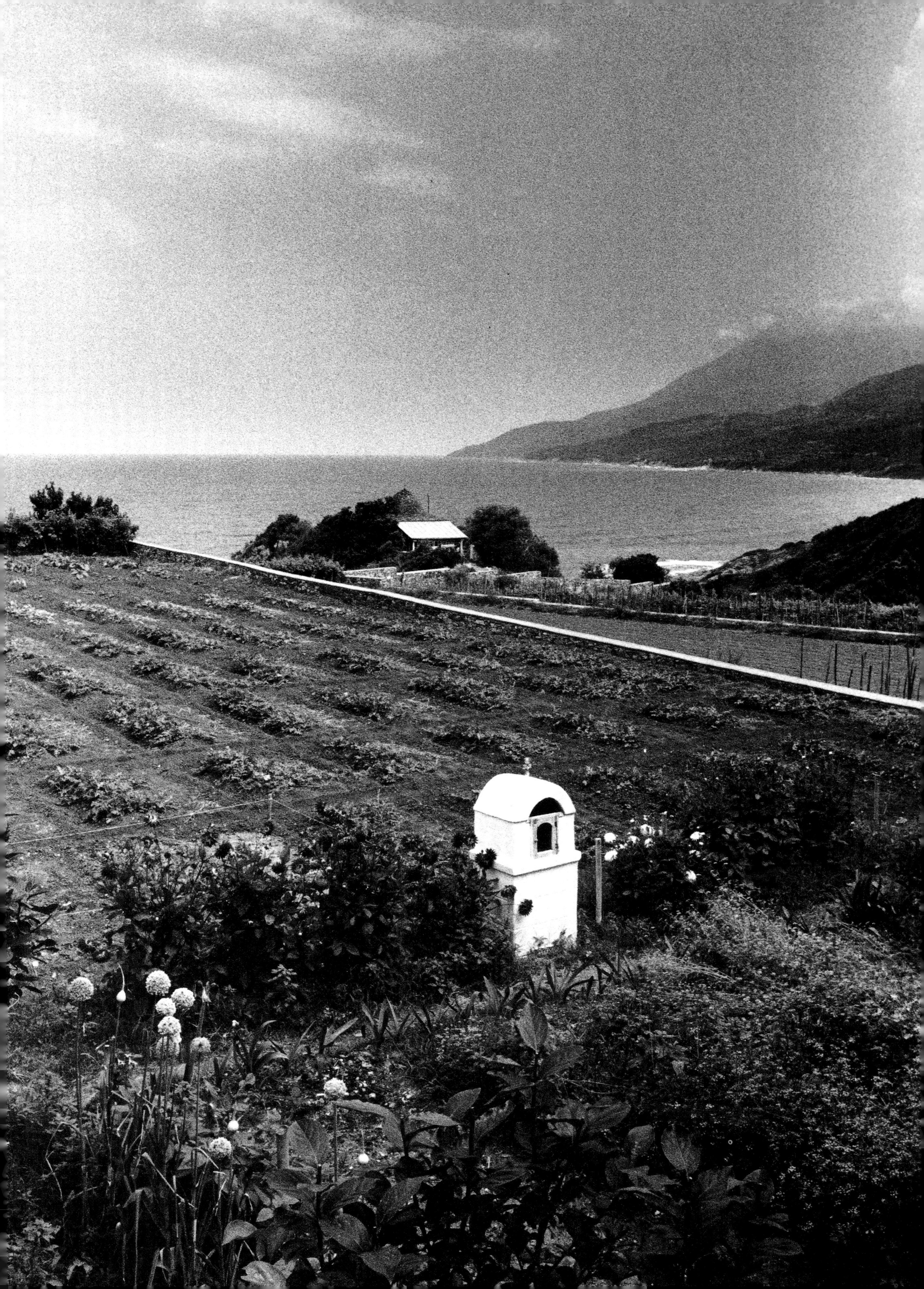

Wintertag vor den Toren von Filotheu. Menschenleere Gärten und einsam weidende Tiere ertrinken im Nebel, während die Mönche tief versunken hinter den dicken Klostermauern im Jesusgebet verharren.

Der Entschluss, wahrhaft als Mönch zu leben, ist in jeder Hinsicht radikal. Und nur der erfahrene geistliche Führer vermag den Novizen gefahrlos durch das glitzernde Meer der Anfechtungen zu jener Höhe extremer Existenz zu geleiten, die uns äusserlich im Bild der Einsiedelei des Heiligen Nilos erscheint (letztes Bild).

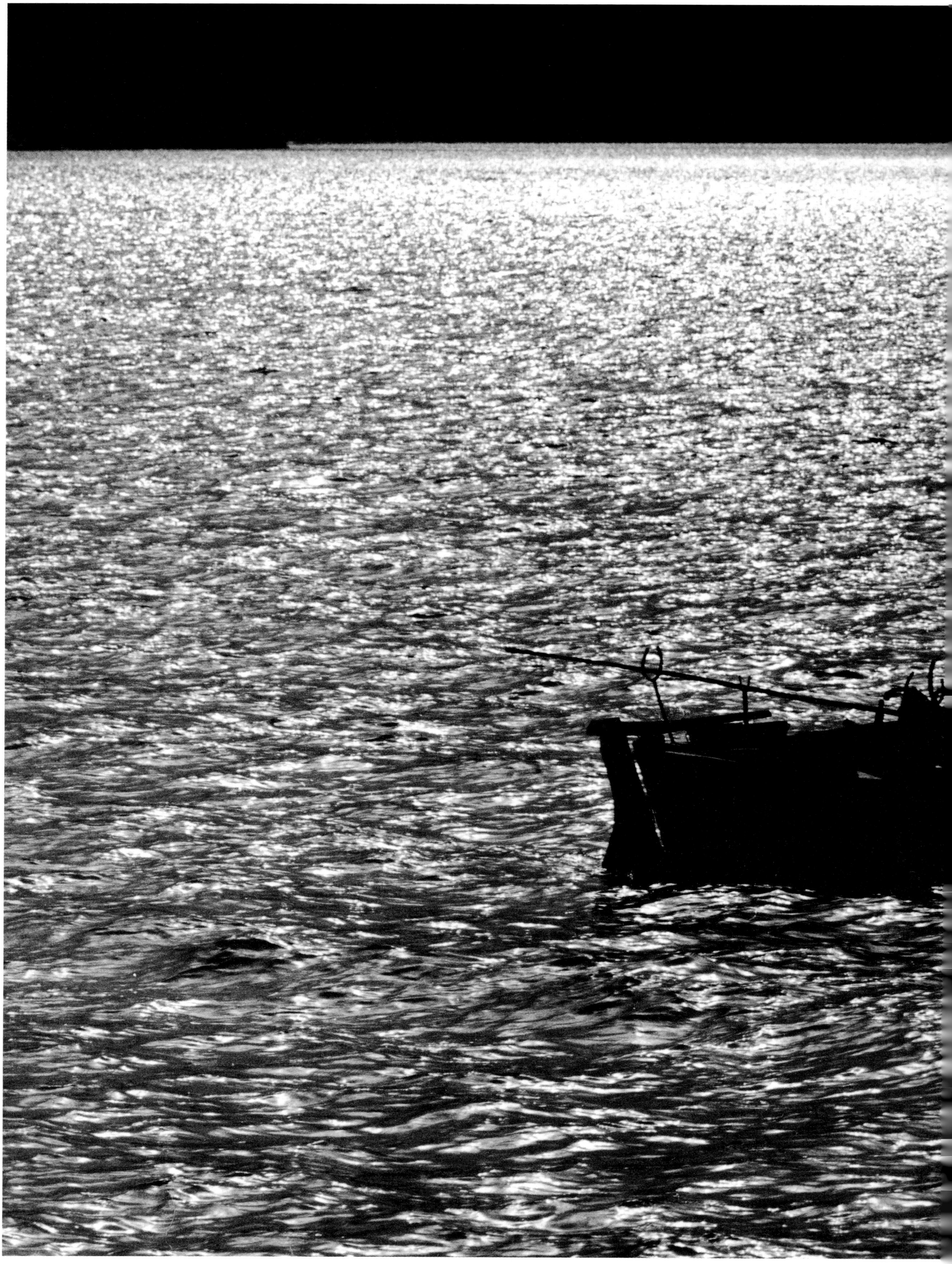

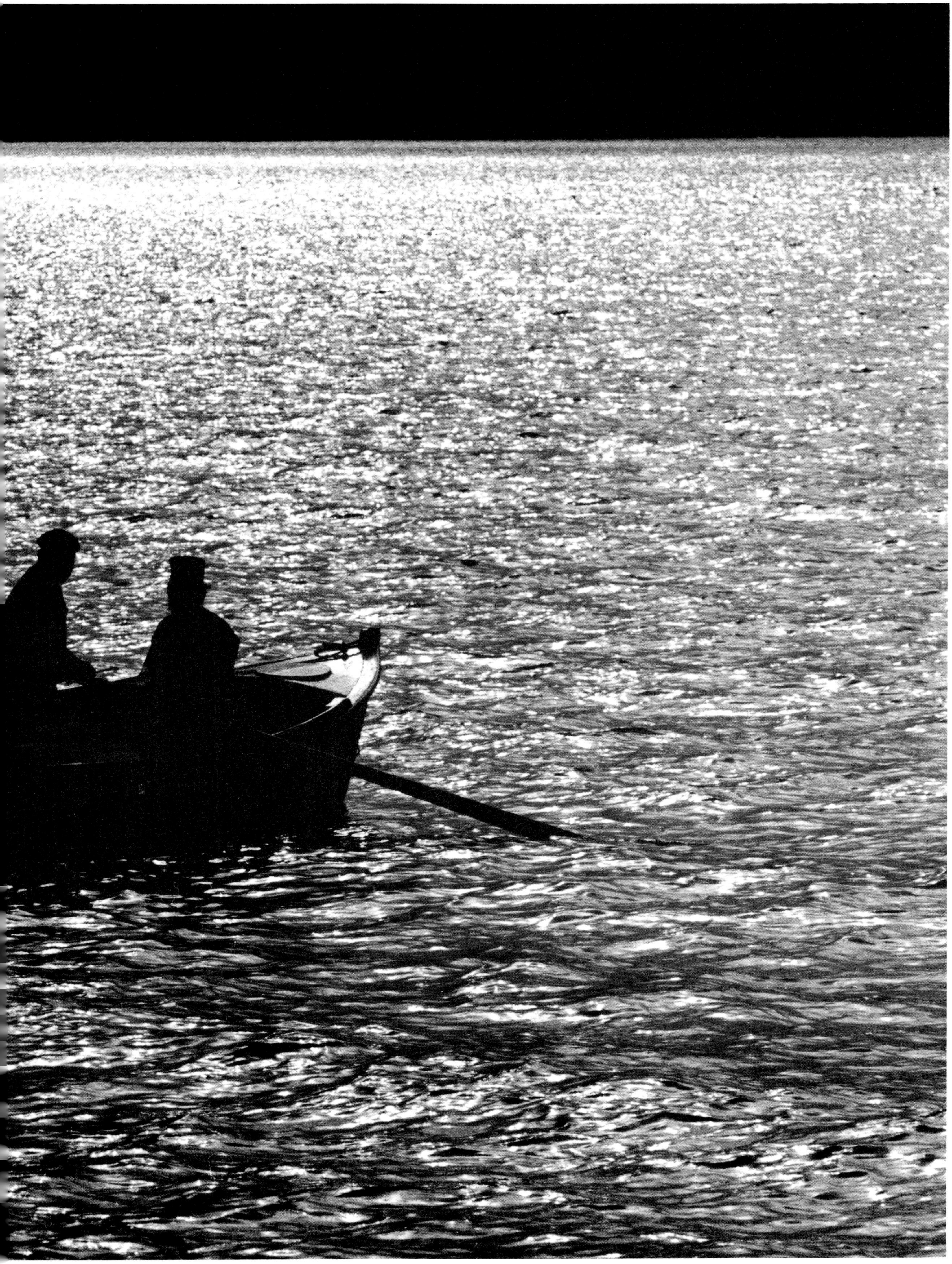

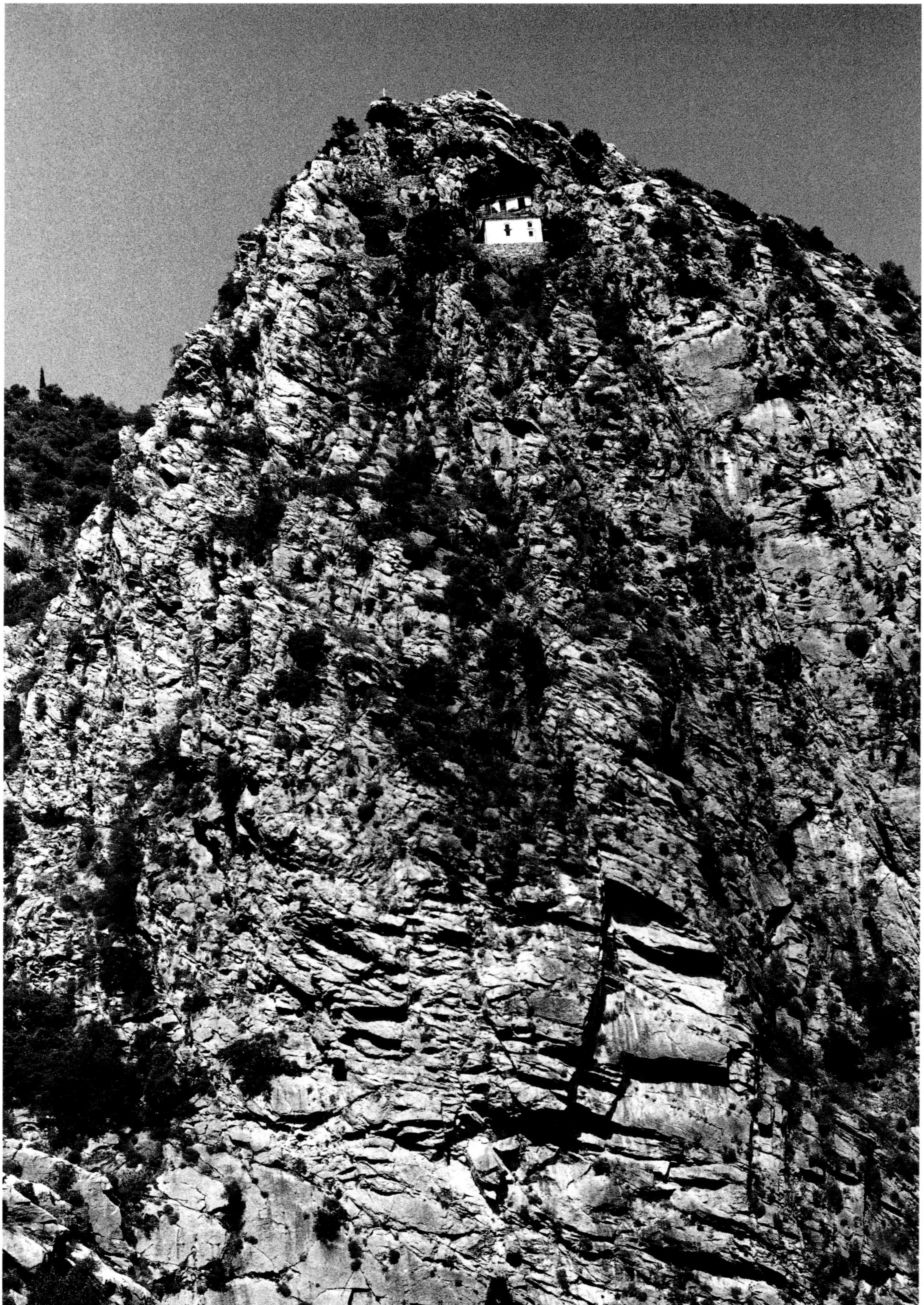

Das Schweigen der Wälder

Eine undurchdringliche grüne Mauer trennt das Kellion der Rumänen von der Russenskiti Profitis Elias. Eichen, Buchen, Lorbeer, am Wasserlauf auch Platanen, haben alle Pfade überwachsen. Die Waldlichtungen sind von Baumheide und Arbutusstauden überwuchert. Sehnsüchtig blickt der Pilger vom Turm der Skiti zum Kellion in seinem Dornröschenschloss-Dasein. Hin und wieder sieht er ein schwaches Räuchlein vom Steindach der Behausung aufsteigen. Im Fernglas erblickt er eine gartenähnliche Fläche im Meer des Waldes.

Wer fristet dort sein Leben, umzingelt von der Natur, die bereit ist, nach dem Tod des letzten Bewohners, das Menschenwerk wieder zu überwachsen und zu tilgen? Wie fühlt er sich mitten in dieser grünen Brandung? Wie lebt es sich auf der von Tag zu Tag abbröckelnden Insel? Einer Insel, an deren Ränder keine Wellen, sondern das Schweigen der Wälder anbrandet? Lebt überhaupt noch jemand in dieser Einöde? Ist der gesichtete Rauch möglicherweise eine Fata Morgana?

Athos hat Hunderte von solchen vergehenden Inseln. Wahrscheinlich hat es sie schon immer gegeben, diese Gebäude, Kellien, verwuchert von Efeu und wilden Reben, mit leeren, von bläulichem Schimmer ausgefüllten Fensterhöhlen, nach Rosmarin und Origano duftend. Die Gemäuer, eine Ausformung des Berges zu Quadern, fein säuberlich geschichtet für Jahrzehnte, Jahrhunderte, legen sich wieder an die Bergflanke, zerrollen im üppigen Brombeergerank. Eine einzige Bewegung des Berges: auftürmen, absinken. Dazwischen die paar Jahre Menschenwerk mit Keuchen und Schweiss und diesem Fleisch, das gezüchtigt werden will mit dem Schichten von Steinen, dem Schleppen von Erde und dem Vergrössern von Gärten.

Eines Tages erreichst du das ersehnte Kellion. Die Kleider von der Wildnis zerrissen, Gesicht und Hände zerschunden. Mit bebendem Herzen gehst du auf die Hütte zu.

Keine Tür schliesst das Innen vom Aussen ab. Der letzte Bewohner dieser Wildnis hat seine irdische Stätte bereit zur Rückgabe. Rosen und Lilien wachsen im schmalen Gärtchen vor dem Haus. Die Gemüse sind im hohen Gras versunken.

Die saubere Stube ist erfüllt von Wohlgeruch. Ist's der Weihrauch? Die Wildnis? An der Wand hängt unter einer silberbeschlagenen Ikone eine Stubenuhr. Ihre Zeiger stehen beide auf Zwölf. Das Pendel steht still und glänzt perlmutterfarben schillernd aus dem Gehäuse.

Die Stimme des greisen Mönchs ist leise. Mitten im heissen August trägt er eine Wolljacke über dem verbleichten schwarzen Gewand. Die Hände sind fein und von durchsichtiger Haut, unter welcher sich die blauen Linien der Adern abzeichnen.

Das Gesicht, eingerahmt von einer riesigen weissen Haar- und Bartmasse, scheint klein und noch verletzlicher als die Hände. Die grossen strahlenden gelbbraunen Augen scheinen übermächtig neben dem eingefallenen, fast kindlich kleinen Mund.

Es ist wenig, was der Jerontas ganz leise über die Lippen bringt: «Erstirb der Sorge, habe ein reines Gewissen und übe völligen Gleichmut.» Und nach einer Weile, als ahnte er die Schwierigkeiten des weltlichen Besuchers: «Erstirb der Sorge. Halte dich frei von allen Sorgen, auch um Geistesgüter, nicht nur um Müssiges und Vergängliches.»

Er schaut in das Geflimmer des Sommers über den üppig wuchernden Baldrianstauden, fährt sich durch den Bart, wartet. «Ein reines Gewissen den Dingen gegenüber: Sie gebührend verwenden und nichts missbrauchen. Ein reines Gewissen vor den Menschen: Ihnen dasselbe zugute kommen lassen wie dir und ihnen nichts antun, was du dir nicht selbst wünschest. Ein reines Gewissen vor Gott: Seinen Willen tun.»

Ein Schmetterling gaukelt in der Stille auf und ab. «Der Wald ringsum ist wunderbar. Aus seinen Tiefen tönt mir ununterbrochen ferner Glockenklang längst versunkener Kathedralen und Klöster herauf. Tag und Nacht höre ich diesen Klang bis in mein Innerstes.»

Du küsst die vor Alter gebrechliche Hand, der ein seltsamer Wohlgeruch entströmt. Bevor du ins Dickicht eintauchst, drehst du dich nochmals um. Der Alte steht im Türrahmen bei den Rosen und Lilien, die Hand zum Segen erhoben, die Augen geschlossen, dem Glockenklang im Schweigen der Wälder lauschend.

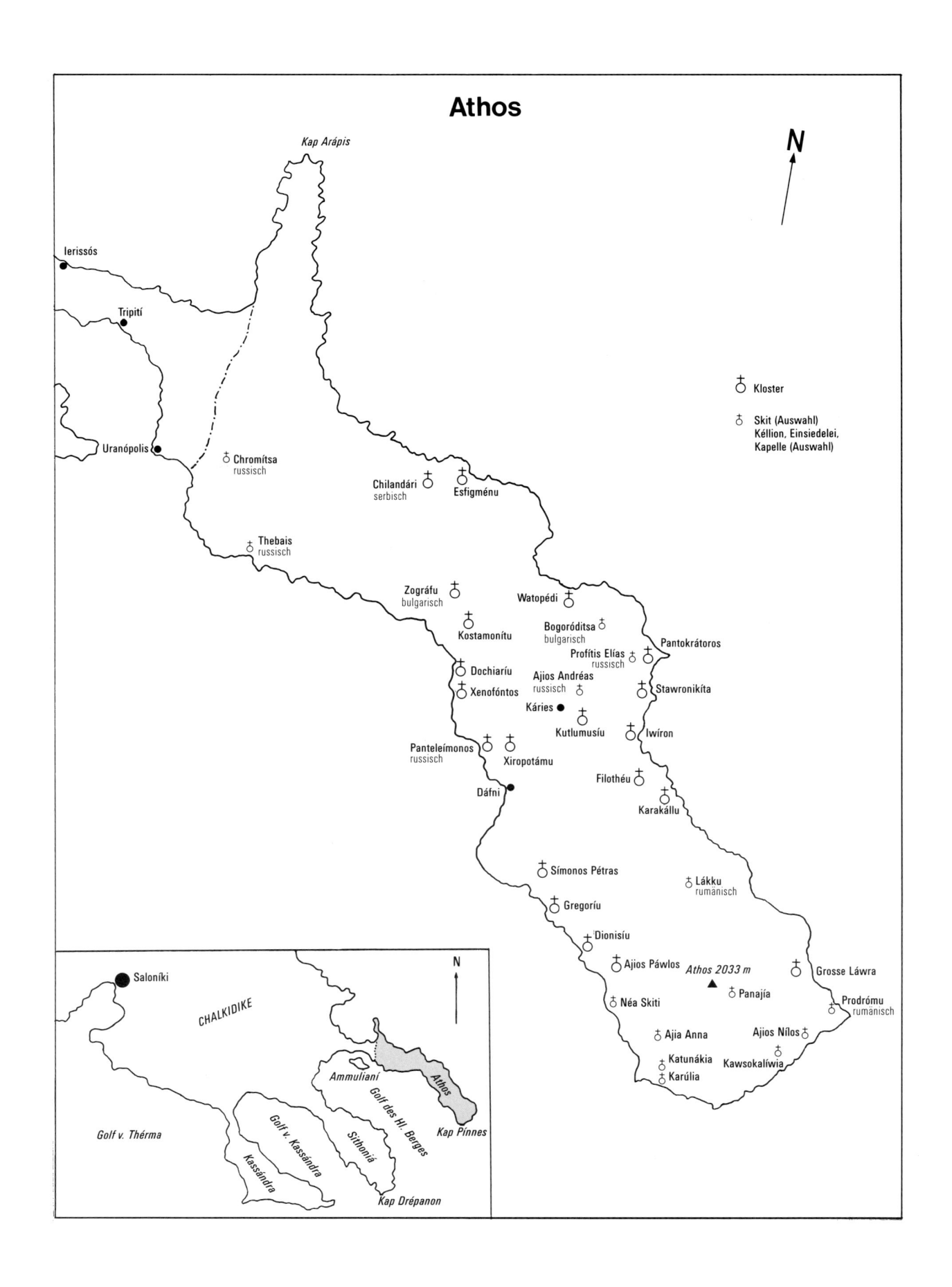

Athos